KB170075

역사로 배우는 지혜

-지혜로의 여정-

김학렬 지음

미래는 아무도 모른다.
다만 과거 역사를 통해
잘못을 뉘우치고 더 나은
미래를 만들어가야 할 것이다.

기원전

역사로 배우는 지혜

1판 1쇄 발행일 : 2022년 5월 30일

지은이 : 김학렬
펴낸이 : 정태경
펴낸곳 : 기원전출판사
출판등록 : 제22-495호
주소 : 서울시 송파구 토성로38-6, 상가304호
전화 : 488-0468
팩스 : 470-3759
ISBN : 978-89-86408-74-4 03900

블로그 https://hak21ti.tistory.com/m
         (휴대폰인 경우 /m 추가)

유태인이 위대한 인물을 많이 배출할 수 있는 데에는 훌륭한 교육이 있었기 때문이며 그 교육의 근간에는 탈무드라는 책이 있기 때문입니다.

반만년을 이어온 우리민족은 이인(異人)이 많으나 안타깝게도 숨은 이인(異人)들이었습니다. 이에 우리도 후세를 위해 탈무드에 비견할 책을 만들고자 '지혜로의 초대'라는 책을 출간하였는데 그 이후 보다 전문적인 내용의 책으로 '지혜로의 향연'을 출간했고 이번에 출간되는 이 책은 그들에 대한 후속편입니다.

따라서 이 책은 일반인을 위한 '지혜로의 초대'와 마찬가지로 누구나 참여해 개정할 수 있으며 개정하고픈 내용은 본인의 블로그(https://hak21ti.tistory.com 휴대폰인 경우 /m 을 추가)의 개정난에 올리면 편집하겠습니다. 이렇게 편집 후 적당한 시기에 계속해서 개정판(책)을 낼 예정입니다.

끝으로 물심양면으로 도와준 동생(김양선)에게 감사의 뜻을 전하고 싶습니다.

시작은 미미했으나 나중은 창대하도다.
인간이 시작하고 신이 완성한다.

목 차

서 문

미래는 아무도 모른다.

이것이 인간을 불안에 떨게 하는 가장 큰 요인 중의 하나이다. 부정축재가 행하여지는 이유 중에 하나가 모르는 미래에 대비하기 위한 것이다. 그런데 부처는 이런 말을 하셨다.

"내가 너의 마음을 다 알고 있노라."

아니!!! 어찌 사람 마음속을 다 안단 말인가?

그것은 그 사람의 과거의 행적을 보면 그 사람의 현재와 미래가 보이고 또한 그 사람의 마음 역시 보인다는 것이다.

이것이 우리가 역사를 공부하고 연구하는 이유이다. 의류 업자들은 항상 과거의 패션트렌드를 연구한다. 패션은 돌고 돌기 때문이다.

고대 그리스에서 다양한 학파가 활동을 하였다. 그 중에서 우리에게는 피타고라스정리로 잘 알려진 피타고라스학파라고 하는 일련의 집단들이 있는데 그들은 수(數)를 만물의 본질이라고 주장하였다. 고교시절 그리스 역사를 배우면서 이 부분이 제일 이해가 가지 않았다.

6

일반적으로 철학자나 사상가들은 구체적인 것, 즉 공기 물 불 흙 등을 만물의 본질이라고 하는데 추상적인 수(數)가 만물의 본질이라니 좀 의아했다.

그러나 살아가면서, 또 좀 더 지식이 쌓이면서 위의 말에 굉장히 실감을 느꼈다.

'1 - 1 = 0'을 보면 여기에 많은 진리가 포함되어 있다.

즉 -. 세상에 공짜는 없다

-. 인과응보, 노력하면 대가가 따른다.

-. 물리학의 에너지 보존법칙

-. 복식부기(회계)에서의 차변과 대변

등 많은 것이 위의 간단한 수식으로 표현된다.

이 같은 것들은 역사를 공부하면서 더욱 실감이 난다.

역사를 보면 좋은 것이 결코 계속 좋은 것이 아니고, 나쁜 것이 결코 계속 나쁜 것이 아니다.

현재 세계적인 기업의 총수를 보면 물론 선대의 부를 이어 받아 잘 키운 경우도 있지만, 많은 경우 힘들게 고생하여 인생의 쓴맛, 단맛을 다 경험한 사람이 기업 총수 또는 국가 최고 지위에 오른 것을 볼 수 있다.

부(富)의 대물림이란 그 부를 지킬 수 있는 사람에게 부를 물려주는 것이다. 비록 자식이라도 그것을 지킬 수 있는 능력이 없으면 물려줄 의미가 없는 것이다. 물려주어 봤자 결국 다 탕진하게 된다.

권력과 국가도 마찬가지이다. 그 권력, 그 나라를 지킬 능력이 있는 사람에게 물려주어야 한다. 그럼 자식이 그 능력이 안 되면 어찌하겠는가? 그러면 다른 것을 하지 말고 그냥 선대의 방식을 잘 지키는 것이 중요하다. 여기서 법의 중요성이 나온다.

우리가 과거의 역사를 통찰하고 반성해야 한다는 이유가 여기 있는 것이다.

(이 책의 여러 역사적 사실은 인터넷을 참조했으며, 따라서 역사학자들의 여러 학설에 의한 사실과 다를 수 있음을 양지 바랍니다.)

인류의 두 갈래: 유목민족과 농경민족

1. 역사의 변천

1. 태초의 인간 (유목민족과 농경민족)

태초에 인간은 유목생활을 하였다. 이것은 목축과 농경 기술이 없는 상황에서 사냥과 수렵을 통한 식량 획득이 수월하였기 때문이다. 이러한 유목민족은 점점 인구가 증가하면서 크게 두 부류로 갈라지게 되었다.

고대 중앙아시아에서 살던 일단의 큰 무리들이 남진(南進)하여 큰 비옥한 영토를 차지하여 정착한 것이 농경국가인 중국이다. 진시황에 의해 통일된 중국은 일종의 닫힌계(closed system)를 형성했다. 반면에 남아 있는 무리들은 좀 더 넓은 초지를 향해 계속 유목생활을 하다가 서진(西進)을 하여 로마를 침략하고 그곳에 정착해 유럽의 여러 국가를 건설하였다.

2. 두 부류의 구조

세상에는 두 종류의 인간이 있다. '위험부담을 감수하는 사람(Aggressive type)'과 '위험부담을 지지 않으려는 사람으로(Conservative type)' 나누게 된다. 그래서 C-type의 인간은 A-type의 인간 밑에 들어가서 안전하게 살아가길 원한다. 반면에 A-type의 인간은 계속 자유를 추구하는 타입으로 Top 아니면 Bottom의 인생을 살게 된다. 즉 고대에서는 왕조를 이루게 되고 현대는 창업을 하게 된다(정치에서 경제로의 전환).

세계의 역사는 자유(열린계)와 안정(닫힌계)의 반복이다. 인류가 계속 안정만을 추구하였다면 아마도 발전이 더디었거나 없었을 것이다. 닫힌계를 깨고 열린계로 확장함으로써 세계는 이렇게 발전하게 된 것이다.

따라서 **자유(열린계)**의 **기준**이 **세계발전**의 **방향을 결정** 지었다.

인류초기의 (안정에 대한)**자유**의 기준은 **정치**였다. 인류가 처음에는 사냥을 통해 생활을 영위해 왔다. 그러다가 농업과 사육을 하면서 사유재산의 개념이 생겼다. 그로부터 인간과 동물과의 관계에서 사람과 사람 간의 관계로 바뀌었고 더 나아가 국가가 성립되었다. 한 국가가 성립되었다는 것은 닫힌계(안정)를 이루었다는 것이다. 국가가 형성되면 국가의 지도자들은 계속 통치하기를 바란다. 즉 닫힌계로써의 안정을 추구하기 때문에 **국민의 자유를 억압**하게 된다. 그 결과 국민들은 지식이 결여된, 주어진 명령에만 복종하게 되는 것이다.

그래서 역설적이기는 하지만 혼란 속에서 새로운 사상과

기술이 나오지만 안정 속에서는 그것을 유지하는 데 급급하여 큰 발전이 없다.

중국을 지배하는 유교의 개념이 중국 역사상 가장 혼란했던 시기인 춘추전국시대에 나왔다. 또한 현대 문명의 이기의 대부분은 크나큰 전쟁을 통해 나왔던 것이다.

중국의 각 시대 왕조들의 수명은 대략 300년 정도였으나 고대 이집트 왕조는 거의 3000년을 유지하였다. 그렇게 긴 세월을 통치할 수 있었던 이유 중의 하나가 백성들에게 새로운 것에 대한 개발이 아닌 단지 주어진 지시와 명령에만 복종하게 했기 때문이다. 즉 닫힌계로서의 안정을 추구하였고 이것이 열린계로 변하는 외부(로마) 침략 이전까지는 잘 유지되어 왔던 것이다.

맨 처음 닫힌계를 형성한 후의 국가의 성립 및 유지에 있어서 가장 큰 문제는 최고통치자에 대한 정당성을 부여하는 문제이다. 사실 인간의 자유에 대한 발달사는 그 기준이 처음에는 정치라고 하였는데 그것은 국가의 통치 형태와 밀접한 관계가 있다. 초기 국가 형태는 왕(王)이 신(神)으로부터 받은 권능을 행사하는 존재로서 인간의 자유가 극도로 억압되었던 시기였다. 반면에 사회적으로는 안정이 된 시기인 것이다.

이러한 왕정을 계속 유지하기 위한 가장 좋은 방법은 계급을 만드는 것이었다. 그래서 왕의 아들은 왕이고, 귀족의 아들은 귀족이고, 노예의 아들은 노예이므로 다른 생각을 하지 말고 주어진 운명에 순응하라는 것이다. 즉 기준이 간단명료하므로 말썽의 소지가 없게 되는 것이다. 이러한 사회적 계급의 대표적인 것이 인도의 카스트(cast)제도이다.

국가의 흥망성쇠는 닫힌계와 열린계의 반복으로 이루어진다고 하였는데 이것을 결정짓는 요인은 바로 토지 즉 영토의 크기인 것이다. 국가가 처음 난립하였을 때에는 열린계의 구조를 가지고 있었기 때문에 서로의 영토가 크거나 작아지기를 반복하였다. 이것이 한 나라로 통일하면서 어느 시점에서 닫힌계가 되어 그 영토 내에서 민족적 문화특성을 가지게 된다.

이와 같이 영토[토지]의 경계에 의해 국가의 닫힌계와 열린계 형성에 영향을 주는데 중국에 대해 알아보자.

중국 사람들이 존경하는 역대 황제 중에서 진시황을 우선순위에 둔다. 사실 중국 고대왕조 즉 주나라 때의 영토는 동쪽으로 치우친 작은 영토였다. 그 당시 진나라는 야만족이라 하여 천시 받던 나라였다. 이러한 중국의 춘추전국시대는 각개의 여러 나라로 이루어진 불안한 시기로써 열린계의 구조를 가진 형태였다. 그러나 진시황이 전국을 통일하며 만리장성을 쌓음으로써 중국은 그때부터 그만큼의 영토(만리장성을 기준으로 하는)를 가진(약간의 증감이 있는)닫힌계의 구조로 발전 유지해 왔다.

그러나 유럽은 상황이 약간 다르다. 고대에 있어서의 유럽은 로마가 제국을 통일하면서 닫힌계를 이루었다. 그러다가 훈족이라는 거대한 적을 만나면서 국토가 유린당하고 급기야 유럽은 열린계로 바뀌면서 여러 나라들이 난립하는 중세를 형성하게 된 것이다.

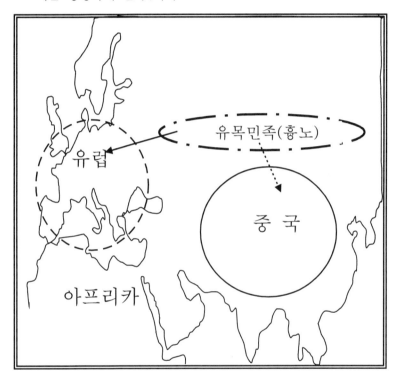

유럽은 대표적인 열린계의 영토이다. 그래서 유럽 역사는 전쟁이 많았고 영토의 변천사가 많은 땅이다. 유럽대륙을 처음 통일한 나라는 로마였다. 로마는 포에니 전쟁을 기점으로 지중해의 패권을 얻었고 율리우스 시저에 의해 갈리아 전쟁을 승리로 이끌어 결국 유럽을 장악하게 되었다. 이렇게 형성된 로마의 유럽 영토가 닫힌계를 이루었지만 안타깝게도 유럽대륙은 아시아로 연결되어지는 열린계의 구조를 가지고 있다.

그래서 아시아로부터의 침략에 의해 로마가 분해되고 전쟁이 끊이지 않게 되었다.

로마의 장점이자 단점은 법치국가이면서 제정(帝政)을 실시한 점이다(물론 공화정을 거쳐 제정이 되었다). 그래서 중국과 달리 로마제국 내내 차기황제의 승계가 매끄럽지 못하고 정통성이 결여되었다. 그러나 유럽의 넓은 영토로 인한 로마의 열린 구조는 이러한 결점을 극복할 수 있었다. 즉 새로운 속주를 개척하면서 기존 세력들의 관심을 밖으로 돌릴 수가 있었다. 그러나 일정 토지가 정복되어 닫힌계에 가까워졌고 급기야 외래 게르만족의 침략으로 무너지고 말았다.

즉 중국은 진시황 이후 계속 단일국가로 유지되었으나 유럽은 로마가 망한 이후 현재와 같은 여러 나라가 존재하게 되었던 것이다.

이러한 역사적 사실을 볼 때 국가의 가장 큰 문제는 최고통치자를 어떻게 정하냐는 것이고 정해진 최고통치자가 강력하여 국민의 자유를 억누르고 정치적 안정이 되면 국가도 안정을 유지하게 되나 반면에 자유가 정치와 관련되는 한에 있어서는(즉 왕이 되는 것은 무엇에 의한 것인가?) 계속 국가가 혼란을 안고 있을 수밖에 없다.

그런데 근대말 프랑스혁명이 일어나면서 민주주의가 탄생하게 되었고 주권이 국민에게 있다는 사상이 발생되면서 자유는 더 이상 정치에 관여하지 않게 되었고 이에 개인이 잘사는 문제 즉 과학과 경제에 몰두하게 되었다.

근대 이후 **자유**에 대한 기준은 **경제(과학)**였다. 근대에는 국가 형태가 어느 정도 형성되었고 따라서 사람들은 잘사는 방법에 관심을 갖기 시작했다. 이것이 현대에 있어서 과학과 경제가 발전한 이유이다. 과학과 경제의 자본주의적인 생각이 수많은 창조적 혁신을 가져왔으며 이로 인해 인류의 문명은 눈부신 발전을 하게 된 것이다.

따라서 지식의 대중화는 자유의 확산을 가져오게 되고 닫힌계는 열린계로 변천하는 계기를 마련하게 된다. 세계역사상 이러한 계기는 크게 두 번 발생하였다.

첫째는 인쇄술의 발명으로 인해 대중으로의 지식 보급이 이루어져 중세가 끝나고 근대를 여는 르네상스시대를 이루게 된 것이고,

둘째는 인터넷의 발달로 지식이 전 세계적으로 공유하는 형태로 발전된 것이다.

그런데 자본주의의 경제이론도 많은 부작용을 안고 있다. 과연 **다음세대에 있어서의 자유**에 대한 기준은 무엇일까?

안정과 자유는 양날의 칼과도 같은 것이다. 한쪽 면을 사용해야 할 때도 있고 다른 면을 사용할 때도 있다. 이것은 관용성과 엄격성이라는 이중성과도 유사하다. 몽골제국이 세계정복 당시 이 두 가지의 기준을 적절히 사용하였다.

2. 유목민족과 농경민족

1. 후계구도의 차이

농경민족과 유목민족은 자식에 대한 가업의 승계방식이 다르다. 안정된 농경 국가의 경우 조상에 대한 제사를 중요시하고 따라서 장자(長子)가 가업을 승계받아 조상의 제사를 이어간다. 그들에게 있어서는 조상이 그들을 지켜주는 신(神 superman)적 존재이다.

반면에 유목민족은 다르다. 그들은 넓은 초원에서 유목생활을 하며 자식을 낳으면 유목생활에 대한 교육을 통해 성장시키고 결혼하면 따로 분가시켜 다른 넓은 초원으로 독립하게 한다. 이렇게 낳은 자식들을 다 분가시키고 남은 마지막 막내가 아버지의 땅을 이어 받게 된다. 즉 말자(末子 막내)승계의 원칙이다. 유목민족의 이러한 풍속은 여러 곳에서 발견된다. 신도 이들에겐 유일신 또는 다신교이다.

예)1.그리스 신화의 최고신인 제우스는 막내아들이다.

2.칭기즈칸의 몽골제국에서는 막내가 이어받는다.

(실제적으로는 국가화 하였기에 난립하여 기존 규칙이 사라진다.)

3.중세 유럽의 프랑크왕국은 한 자식이 물려받지 않고 세 자식에 의해 쪼개져 독일 프랑스 이탈리아가 성립된다.

이래서 중국은 한 나라로 계속 이어가지만 유럽은 여러 나라로 쪼개져 난립한다.

2. 영속성의 의미: 땅과 자식

유목민족의 개념으로 이루어진(유목민족인 게르만 민족들에 의해 침략당하고 세워진) 중세 유럽의 모든 국가에게 있어서 국가와 칭호는 개인이 아닌 땅에 귀속되며, 세습은 칭호와 국가가 아닌 그 칭호와 국가를 가진 땅을 넘김으로써 이루어졌다. 로마의 황제 자체도 고대 로마의 세습 가능한 관직(또는 특권)에 가까운 것에서 출발한 것이다.

그래서 중국의 경우 예를 들어 한나라는 유씨왕조, 송나라는 조씨왕조, 그리고 조선은 이씨왕조라고 하지만 중세유럽의 경우 가장 유명한 합스부르크왕조의 합스부르크는 지역 명 즉 지금의 스위스(슈바벤 지방)에 위치한 합스부르크 성(城)에서 유래하였다(물론 창업주의 이름을 딴 왕조도 있으나 중국처럼 엄격하게 지켜지는 것이 아니었다).

중국은 일찍이 춘추전국시대에 제자백가의 화려한 꽃을 피워 결국 여기서 발생된 국가관과 통치관이 그 후 국가 구성과 조직의 확실한 기틀을 마련하였고 성씨(姓氏) 왕조의 명확한 기준을 세웠다.

과거 혼란했던 시기에 완성한 유교적 정치 철학이 중국이라는 땅덩어리를 어느 민족(몽골족과 만주족)이 차지하였건 결국 그 이념과 체제를 계속 유지시켰다는 것은 매우 놀랄만한 일이고 문화의 중요성을 새삼 다시 확인시켜 주는 것이다.

몽골족이 송나라를 멸망시키고 원나라를 세우고 그 국가적 체제를 유교에 기초하여 이루었으며, 만주족이 명나라를 침공해 청나라를 세웠지만 청나라의 황금 시기인 강희제, 옹정제, 건륭제 모두가 유교의 경서를 탐독하고 유교식 정치를 행하였다는 것은 역사적 관점에서 되씹어볼 중요한 사항이다.

그러나 이러한 명확한 수장(황제) 승계에 대한 기준이 없는 유럽 특히 로마에서 새로운 기준을 세운 것이 바로 신(神)의 대리인인 교황에 의한 책봉식, 즉 교황에 의한 황제 승인이다. 교황은 하늘의 신에 대한 지상의 대변자이다. 이러한 교황의 황제 인정보다 더 확실한 것은 없다. 중국에서 황명을 전달할 때 쓰는 문구가 바로 '하늘에 명을 받아 천자(天子)가 어쩌고'라고 하는 것과 유사하다. 이러한 명확한 원칙은 매우 중요하다.

천년을 이어온 로마가 게르만 민족에 의해 이탈리아에 있는 제국은 멸망하였지만 콘스탄티노플에 세운 동로마 제국 역시 다시 천년을 유지하였다. 물론 이 수도의 난공불락의 지리적 이점이 천년을 유지하게 만든 큰 요소이긴 하지만 이러한 황제 계승의 확립도 체제안정에 기여를 했을 것이다. (이후 유스티니아누스 황제에 의해 정교합일주의로 종교 그리고 정치가 황제의 손에 집중되었다.)

　여담)이것은 중국 후한말기 삼국지시대 조조가 기회를 잘 포착해 황제를 옆에 두고 모든 자신의 희망사항을 황명으로 전달했다는 것을 생각나게 한다. 모든 일에 있어서는 이렇게 **명분**이 중요하다. 후기 로마의 교황에 의한 황제 승인도 역시 명분에 입각한 것이다.

3. 닫힌계의 문제점

중국은 자유보다는 안정(닫힌계의 특성)을 택하였다. 그래서 내부 통치에는 아주 유용한 유교의 정치철학을 채택하였다. 유교식 정치체제가 한 국가를 다스리는 데에는 굉장히 유용한 도구이나 이 또한 단점을 가지고 있다.

유교의 기본 논리는 부부자자(父父子子)의 개념이다.

이것은 아버지는 아버지답게(父父)

　　어머니는 어머니답게

　　자식은 자식답게(子子)

　　군주는 군주답게

　　신하는 신하답게 행하는 것이다.

'아버지답게'라는 것은 집안을 이끌 총체적 책임을 지고

'어머니답게'라는 것은 남편을 내조하고 자식을 키우고

'자식답게'라는 것은 부모에게 효도하고

'군주답게'라는 것은 백성을 사랑하고 나라를 잘 이끌고
'신하답게'라는 것은 군주를 보필해 충성을 다하고
등과 같은 충효(忠孝)의 개념이다.

** 약간 어려운 이야기: 부모와 자식, 군주와 신하 간의
관계는 생(生)과 극(克)의 관계가 성립된다.

　　*부모가 자식에게 극(克): 지배한다. 관리, 보호
　　*자식은 부모에게 생(生): 조력한다.

　-생과 극의 관계는 음양과 같이 상대적 개념이라기보
다는 상보적 개념이다. 그래서 자식이 부모를 생(도
와 줌)하지만 부모는 자식을 바로 생하지 못하고 다
른 것을 극한 후에 그것이 자식을 생하는 삼각관계
가 된다. 이 삼각관계가 서로 연결고리를 만들 때
오행(五行)의 순환 고리가 형성된다.

안정된 국가의 경우 위의 개념은 상당이 힘 있고 효율적
인 사상이다.

　그러나 이러한 닫힌계는 두 가지 단점이 있다.

　-1.안정을 택하는 대신 자유가 억압되니 발전이 더디다.
중국이 아시아를 지배하던 시절에는 그 누구도 건드
리지 못했으므로 왕자 노릇을 할 수 있었으나 세계가
개방되어 새로운 유럽 열강들이 침략해 올 때 잠자는
호랑이에서 병든 호랑이가 되어버렸다.

인류의 진보는 안정보다 자유를 택할 때(춘추전국시대, 약육강식, 1차/2차 세계대전 등) 보다 더 진보할 수 있다.

-2. 닫힌계인 중국의 정치 형태에서 가장 문제점은 자원이 유한하다는 것이다. 그것은 개국공신들의 후세에 대한 이권 세습은 계속되고 이것이 기하급수적으로 증가한다는 것이다. 이러한 증가가 닫힌계의 유한 자산을 넘어서면 다시 혼란이 반복되게 된다(그래서 한나라 무제는 공신들의 후세에 대한 세습을 일정 횟수로 제한).

중국의 왕조가 대략 300년을 주기로 (한국 왕조는 500년을 주기로) 반복되는 것도 이러한 이유 때문이다. 그래서 중국 왕조에서 과거제도를 실시하여 새로운 인재를 등용한다는 것은 상당히 파격적인 제도가 되는 것이다.

-3. '부부자자'의 논리를 확장하면 노예자식은 노예, 귀족자식은 귀족이라는 **출생의 차별화**가 생긴다. 이것이 이집트의 경우에는 3천년을 유지시키는 규범이 되었지만 강한 외세의 침략(로마)에는 힘을 못 쓰게 된다. 중국의 경우도 비록 닫힌계이지만 북방 경계는 끊임없는 열린계의 역할을 하였다. 즉 북방 이민족의 침략이 가장 큰 문제였다. 여기서 출생의 차별화를

극복할 방법이 필요했고 그것은 **능력의 차별화**인 것으로 바로 과거시험 제도의 실시이다. 측천무후는 대단히 악랄한 여자이지만 그녀가 행한 과거제도는 매우 훌륭하여 많은 인재들이 등용되었다.

여담)아이러니컬하게 자유와 평등을 외친 근대사상이 출생의 차별화를 없애려 하면서 능력의 차별화까지 없애고 있다.

생각)출생의 차별화는 인정하고 이것의 불합리성을 능력의 차별화로 극복해야 하지 않을까?

4. 대한민국

국가의 흥망성쇠가 거듭되면서 발생되는 대표적인 현상이 기존의 기득권세력과 개국 등을 통해 국가에 기여한 신흥공신(功臣)들 간의 투쟁으로 나타났으며 이는 곧 토지에 대한 쟁탈전이 되었다.

대한민국에 대한 역사적 관점을 살펴보면 신라시대의 최고행정기관은 품주(稟主)로써 이는 본래 토지에 대한 조세를 관장하는 기관이었다. 이것이 집사부(執事部)를 거쳐 행정기관인 집사성(省)으로 바뀌게 된 것이다.

대한민국은 신라가 삼국을 통일하면서 그 영토가 (발해를 포함한)한반도로 닫혀버렸다. 비록 고려와 조선에 약간의 영토 확장이 있었으나 결국은 한반도 내로 국한이 되어

버렸다. 즉 통일신라 이후 닫힌계로 되어버린 것이다. 그 후의 역사는 한반도 내에서 가진 기득권층과 못 가진 신흥 세력 간의 싸움이었으며 이것은 토지의 소유 형태로 나타내 어졌다.

한 왕조가 들어서면 제일 먼저 토지개혁이 이루어지고 이러한 토지분배 이후 새로운 권력이 약 500년 지속되다가 더 이상 분배할 땅이 없을 때 또 다시 새로운 신흥세력에 의해 왕조가 바뀌게 된다. 그래서 통일신라, 고려, 조선의 나라들이 대개 500년 정도로 유지되었던 것이다(이것이 한 반도라는 집합의 경계점인 것이다). 이러한 세력 간의 다툼 이 가장 두드러지게 나타난 것이 바로 조선 중기 이후의 당 파싸움이다. 이러한 당파싸움의 근원을 살펴보면 고려 말까 지 거슬러 올라간다.

대한민국의 국민은 A-type의 성격을 가지고 있다. 그래 서 이씨조선의 역사를 보면 (초기 태종 이방원과 삼봉 정도 전 간의 싸움인) 왕권(王權)과 신권(臣權)의 계속적인 싸움 의 연속이었다. 이로 인해 국가에 폐단이 계속되었던 것이 다.

제1장

동서양의 지배자

안정과 자유는 두 개의 큰 개념이다.

농경사회인

동양은 통합으로 안정을 택했고

유목사회인

서양은 각개 독립으로 자유를 택했다.

1. 유럽의 지배자

유럽문화의 기원은 그리스의 학문에서 시작되었다. 그리스는 화려한 문화를 꽃피웠으나 중동의 페르시아 같은 대제국은 생겨나지 못하였고 그래서 유럽의 명실상부한 지배자는 로마로부터 시작되었다고 할 수 있다.

(1) 로마와 그 계승자

1) 로마의 호민관 제도

이탈리아 반도에서 건국신화를 거쳐 탄생한 로마는 초기에는 미약한 집단이었다. 그러다가 점차 영토를 넓혀갔고 마침내 한 국가를 형성하게 되었다. 그래서 로마는 처음에 왕정에서 출발하여 여러 우여곡절을 거쳐 공화정이 탄생되었고, 이후 두 차례 삼두정치를 거친 후에 황제의 통치로 국가 통치체제가 완전히 잡혔다. 물론 공화정 시절에도 로마는 잘 다스려졌다. 그런데 공화정 시절 원로원의 세력이 막강하였으나 국가의 영토가 점점 비대해지고 따라서 일반 시민들의 목소리가 커지는 가운데 원로원의 막강한 힘을 견제할 수단이 절실히 요구되었다. 그래서 시민을 대표하는 민회를 신설하였다.

이때 이와 함께 설립된 평민의 우두머리 격인 호민관 제도는 기원전 494년 그러니까 왕정과 공화정을 거친 15년에 생겼다.

호민관은 귀족인 원로원에 대응하여 생겼기 때문에 평민 출신에서만 선출되었고, 인원은 처음에는 2명이었으나 이것이 나중에는 10명까지 늘어났다. 호민관의 역할과 임무는 아래와 같다.

  *1.민회 소집. 의장으로 민회를 주재함

  *2.오직 평민만이 선출될 수 있었다. 그래서 평민들 요구의 대변, 권리를 보호한다.

  *3.모든 평민들의 생명과 재산을 보호

  *4.독자적 법률 발의 및 제정

  *5.원로원 소집

  *6.거부권 가짐

  　원로원, 집정관 또는 다른 권력자의 결정, 법 제정 등이 평민의 이익과 권리에 부합되지 않을 경우 거부 또는 중재 가능

  *7.신체 신성불가침. 어떤 위협이나 협박으로부터 보호

  *8.호민관 퇴임 후 원로원 입회 자격 생김

민회는 이상과 같은 많은 권한을 가지고 있으나 그것들 중에서도 특히 가장 중요한 것을 요약하면 아래 3가지가 된다.

  -1.원로원에서의 결정에 대한 거부권

  -2.민회를 통한 입법권

  -3.신체 불가침권

위의 여러 권한을 보면 단지 평민들만으로 주축이 되어 설립된 민회와 그 수장인 민회에 속해 있는 호민관의 권력과 역할이 일반적으로 생각하는 것보다 매우 막강함을 볼 수 있다.

그러나 귀족으로서의 원로원의 위치와 권한이 워낙 크기도 하거니와 또한 호민관이 그의 임기가 끝나게 되면 원로원 의원이 될 수 있는 자격이 주어지는데 여기서 원로원의 심사를 받게 된다. 그래서 가능하면 원로원과 크게 충돌하는 것을 원하지 않는다. 때문에 위의 여러 조건을 원로원에서 수락한 것이다.

2) 로마의 황제

로마의 황제 즉 Emperor는 다음과 같다.

: 기존 호민관(의 권력) + 추가적인 권력

여기서 추가적인 권력은 아래와 같다.

(이것은 1차 삼두정치의 승자인 시저의 과도기를 통해 그의 양자인 아우구스투스가 2차 삼두정치에서 경쟁자를 물리치고 최종 승리하며 원로원으로부터 얻어낸 권력이다.)

*1.호민관 임기의 종신제

일정 기간직(期間職)이었던 호민관의 임기를 아우구스투스의 경우 종신제로 변경시켰다. 사실 이것으로 굳이 원로원 회원이 되지 않아도 막강한 권력을 가진(원로원의 입법까지도 무너뜨릴 수 있는) 호민관이 국가의 최고 통수권에 접근한다.

*2.제사장 자리 역임

　　최고 사제장이며 네 가지 주요 사제단의 한 일원이 되게 되었다.

*3.군 최고 통수권 가짐

　　(나중에 군사적 유능한 인물이 황제로 선출되기도 한다.)

*4.Imperator의 개선행사를 황제 명의로 시행

　　원래 Imperator(임페라토르 승리자)는 적과의 전쟁에서 승리한 개선장군을 뜻하는 말로써, 로마의 장군이 전쟁에서 승리하면 개선문을 만들고 그곳을 통과하며 시민들의 축하를 받았다.

　　즉 승리한 장군을 축하하는 행사였으나 이런 승리의 영광을 황제 명의로 시행하게 하였다. 이런 규정을 만듦으로써 모든 전쟁에서의 영광을 Emperor(황제)에게 돌리게 된다.

　　여담)중세 유럽의 여러 나라들은 로마의 영화와 로마황제의 위엄을 동경하였고, 그 일례로 프랑스에는 로마시대를 본뜬 개선문을 만들었다.

*5.속주 총통의 임명권

　　삼두정치의 내전을 종결시킨 아우구스투스에게 원

로원이 스스로 이 권력을 호민관인 아우구스투스에게 주면서 속주의 통치를 맡겼다.

이것은 큰 사건으로 사실 최고 권력은 인사권에서 나온다. 이 임명권을 부여받은 아우구스투스는 거의 모든 권력을 부여받게 되어 명실상부 로마의 최고 통치자가 된다.

*6.호민관 및 기타 권력의 세습 가능

세습이라는 특권이 주어지면서 최고 호민관의 자리에서 최고 통치자 즉 중국식 표현의 황제 자리에 오르게 된다. 따라서 왕조가 탄생되는 것이다.

다만 중국과의 차이는 중국은 성씨(姓氏)가 바뀌면 나라 명칭이 바뀌면서 다른 제국이 들어서지만, 로마는 중간에 대(代)가 끊기거나 이상이 생겨도 다른 사람을 황제로 세움으로써 로마라는 국가의 명맥은 계속 유지한다. 다만 왕조의 이름만 바뀌게 된다(이것은 서로마 멸망 이후 유럽의 중세 여러 나라가 난립하여 국가를 세웠으나 그 국가에서도 왕조의 변천 즉 튜더 왕조 등이 있을 뿐 나라 명맥을 계속 유지한 것과 같다).

-프랑스: 카페 왕조(위그 카페)

부르봉 왕조(앙리4세, 프랑스 루이14세)

-독일: 합스부르크 왕조(신성로마 제국)

오스트리아, 독일, 에스파냐(스페인)

-영국: 튜더 왕조(헨리8세, 엘리자베스여왕 등)

여담)천년왕국을 유지해온 로마의 이면에는 정치체제가 국민
적이라는 데 있다. 이민족으로 낮은 계층의 사람이라
도 능력이 있으면 황제 자리에 오를 수 있는 것이다.
우리도 로마의 정치체제를 적용하면 어떤가 생각이 든
다. 300명이 넘는 현 국회를 2원화하여 새로 서민층의
민회(民會)를 신설하고 국회는 정당 가입자들 위주의
구성이 되고 민회는 정당에 가입되지 않은 일반 평민
으로써 중산층 이하의 평민이 의원이 될 수 있게 하는
것이다(양원제). 국가수반 역시 정당에 가입되지 않아
야 자격이 주어진다.

그리고 민회에서는 국민 민생에 시급한 문제 위주로
입법이 가능하고(국회에서는 민회의 입법에 대한 거부
권 없음), 국회에서 결정한 법률에 대한 거부권을 행
사할 수 있게 하는 것이다(그래야 과반수가 넘는 1당
독재의 입법에 대한 견제가 이루어질 수 있다).

3) 로마의 초대황제

로마의 공식적인 초대 황제는 아우구스투스이다.

본명은 Gaius Octavius Thurinus

기원전 44년 그는 율리아 카이사리스(자신의 외할머니)
의 남동생인 율리우스 카이사르(자신의 외종조부, 우리에게

는 시저로 널리 알려졌다)가 암살되고 그의 유언에 따라 카이사르의 양자(養子)로 입적되었다(로마시대에는 양자제도가 보편화되었다).

그래서 그의 이름이 Gaius Julius Caesar Octavianus가 되었다. 여기서 카이사르(율리우스 시저)는 비록 죽었지만 그의 양자인 아우구스투스가 로마의 초대 황제가 되면서 율리우스-클라우디우스 왕조를 설립하였다.

여담)원래 아우구스투스는 '존엄한 자'라는 의미로 기원전 27년 로마 원로원이 그에게 부여해준 칭호이다. 그리고 그 당시까지만 해도 1년은 10달로 되어 있었으나 시저(카이사르)의 이름인 율리우스(Julius)를 따서 July(7월)와 아우구스투스(Augustus)의 이름을 딴 August(8월)을 넣어 1년이 12개월로 바뀌었다. 즉 10개월이던 로마력(曆)이 현재 우리가 사용하는 12개월의 율리우스력(曆)으로 바뀌게 된 것이다. 따라서 8월 이후인 9월부터 12월까지의 이름이 2개월씩 밀리게 된다.

9월(September)- 원래 7월(seven)
10월(October)- 원래 8월(eight)
11월(November)- 원래 9월(nine)
12월(December)- 원래 10월(ten)

이로 인해 카이사르 자신의 성을 후손이 이어가게 되므로 명실상부하게 황제의 대명사가 되었다. 그래서 후대 유럽의 여러 왕조들은 그의 성을 따서 황제(또는 왕)로 칭하게 되었다.

예)러시아 황제: 차르

독일 황제(신성로마제국 황제): 카이저(Kaiser)

4) 로마 황제의 인정

로마 황제는 초대 카이사르 가문 이후 여러 왕조로 이어져 왔다. 로마는 수많은 전쟁을 겪으며 성장하여 왔다. 그래서 큰 사건이 발생되면서 또는 후계가 마땅치 않아 다른 성씨가 황제가 되기도 하여 그 이후의 왕조 바뀜이 사실 뚜렷한 원칙이 있는 것은 아니다.

그러나 동양의 왕조는 확실한 원칙이 있다. 창업군주의 자손 즉 성(姓)씨를 유지하는 것이다. 성씨가 바뀌면 나라가 바뀌는 것이다.

여담)오죽하면 조선 후기에 왕을 이을 자손이 없자 강화도에 있는 산골총각(역시 왕족 '이씨'이므로)을 불러와 왕으로 세웠겠는가!

이러한 로마의 황제 계승에 대한 큰 변환이 있는 것이 바로 콘스탄티누스 황제에 의해 그 불씨가 생겨났다. 바로 기독교(基督敎 그리스도교의 한자 음역)의 로마를 등에 업은 크나큰 도약이 그 단초이다. 콘스탄티누스가 황제에 오르기 전 그가 상대편과 큰 전쟁을 치를 당시에 기독교적 전설이 전해온다. 신의 계시대로 행한 콘스탄티누스는 전쟁에서 승리하였고 이를 계기로 그는 기독교를 로마에서 공식 인정하였다. 이로부터 기독교는 세계적인 종교로 확장하게 되었다.

그 이후로 황제는 공식적인 그리스도교의 보호자이며 황제 또한 신에 대한 지상의 후원자가 된 것이다. 그 당시의 불명확한 황제 계승에 대하여 하나의 기준이 제시된 것이다 (그 당시는 정식적인 것은 아니고 하나의 상징적인 것이었다).

콘스탄티누스 황제는 또한 동쪽에 새로운 수도를 건립하였는데 그것이 콘스탄티노플로, 이로써 로마는 서로마와 동로마 이원체제가 되었다.

서로마제국이 외세 침략으로 멸망하였으나 동로마제국은 그 후 약 천년을 이어갔다. 그래서 중세 유럽에서도 동로마제국(비잔틴 제국)은 명실상부 로마의 계승왕국을 유지하였다. 그런데 그리스도교 역시 복잡한 교리의 해석과 다툼으로 로마에는 교황이 사는 가톨릭교회가 있는 반면에 동로마에는 동방정교라 하여 교황 대신 (총)대주교가 생겨났다.

동로마 제국의 레오1세는 대주교가 집전하는 대관식에서 황위에 올랐다. 이를 시작으로 동로마 제국의 황제 즉위는 동방정교의 대주교가 집전하는 대관식에서 거행하였으나 이는 요식행위였다. 동로마 제국은 종교적 수장(동방정교 대주교)보다는 정치 군사적 수장(황제)이 더 우위에 있었기 때문이다. 동로마 제국 말년에는 황제가 대주교를 겸임하기까지 하였다. 반면에 서유럽 쪽은 사정이 달랐다.

  참조)서로마제국: BC395년~476년

     동로마제국: 395년~1453년

(2) **유럽**국가의 형성

  중세유럽은 크게 두 개의 사건이 시발점이 된다.

  -.**기독국가**의 성립: 한 국가의 수장을 종교의 수장인 교황에 의해 대관이 이루어지는 시절

  -.**종교개혁**에 따른 여러 종교 전쟁을 통해 새로운 국가들의 재정립

  -.추가적으로 **열린계**의 특성상 각 유럽 국가 간의 왕위 쟁탈전에 기인된 여러 전쟁의 발생

1) 기독국가의 성립

  1. 프랑크 왕국

  -.메로베우스 왕조(481~754년)

    천년을 이어온 이탈리아의 서로마 제국은 동쪽에서 대이동한 게르만족 중 일원인 오도아케르에 의해 멸망되었다. 그러나 오도아케르 역시 얼마 지나지 않아 이동 민족의 하나인 동고트족에게 멸망당했고 이곳 이탈리아에

동고트 왕국(이탈리아 왕국)을 세웠다.

 그 후 계속 게르만족의 침략을 받은 유럽은 혼란한 시기가 계속되며 여러 국가가 난립하였는데 그들 중에서 훈족(수장: 아틸라)이 가장 강했고 특히 훈족의 족장 아틸라는 유럽 국민들에게 있어서 공포의 대상이 되었다. 그러나 아틸라 사후 훈족이 약해진 틈을 타서 프랑크족이 강성하였는데 프랑크족의 클로비스1세가 유럽 중부지역을 장악하며 프랑크 왕국을 세웠다. 클로비스1세에 의해 세워진 국가 프랑크 왕국의 초대 왕조가 메로베우스 왕조이다.

-. 카롤링거 왕조(751~843년)

: 유럽의 아버지 샤를마뉴(카롤루스 대제)

(독일/프랑스/이탈리아)

 메로베우스 왕조 말기 왕의 힘이 약해지고 궁재(宮宰 일종의 재상 같은 고위직)의 힘이 강성해졌는데 그 중에서도 특히 카를 마르텔이라는 궁재의 힘이 가장 강성하였다. 현직 왕의 실권이 약해진 상황에서 실질 권력을 장악한 궁재 카를 마르텔은 당연히 왕이 되고 싶었으나 이에 대한 적당한 명분이 없었다. 그대로 왕위를 찬탈하면 역도가 되는 것이고, 또 이것이 일종의 선례(先例)가 되어서 후일 어느 누군가 반역을 시도할 수도 있기 때문이다.

그런데 때마침 중동의 이슬람 제국에서 쫓겨나 이베리아 반도로 건너온 이슬람 세력들이 기존의 세력을 물리치고 왕국을 세웠고 그들이 다시 피레네 산맥을 넘어 유럽 본토의 기독교 사회를 침공하였다. 이러한 기독교 국가의 입장에서 절체절명의 순간 카를 마르텔이 이들을 무찔러서 더 이상 피레네 산맥 동쪽을 넘보지 못하게 하였다(그의 새로운 기마 전술은 후일 기사들의 전투 모범이 되었다). 즉 그는 그리스도 사회의 수호자가 된 것이다.

이로 인해 카를 마르텔은 교황에게 우위를 점하게 되었고 이러한 카를 마르텔의 직위를 아들 피핀3세가 이어받았다. 피핀3세 역시 교황을 위협하는 롬바르드족을 격퇴하고 이로 인해 획득한 이탈리아 일부지역을 교황청에 헌납하였다(교황령의 시초).

이를 기회로 피핀3세는 자신의 왕위를 얻기 위해 교황에게 왕위 정통성을 요구했고, 교황은 신의 대행자로서 권력 인정의 계기가 되기 때문에(서로가 원하는 이해타산이 부합되었기 때문에 즉 서로의 윈-윈 전략으로) 최초로 교황을 통한 피핀3세의 대관식이 거행되었다. 이것이 유럽 왕들의 대관 인정이 교황을 통해 이루어지는 시발점이 되었다(기독국가의 시작).

이후 이 가문을 가장 빛낸 왕이 **샤를마뉴**(카롤루스 대제 - 카롤링거 왕조)이다. 유럽의 아버지라고 부르는 카롤루스 대제는 동로마 제국이 외적의 침략으로 곤란을 겪을 때 카롤루스 대제에게 구원을 요청하였고 그는 외적을 물리쳐 주었다.

카롤루스 대제는 그 대가로 로마 제국의 영광을 잇는 황제의 칭호를 요구했다. 이에 동로마 제국의 황제는 마지못해 승낙하였다. 그리하여 카롤루스 대제는 로마 교황(레오3세)의 집전으로 서유럽에서 황제에 올랐다. 이것은 서로마 제국이 망한 후 황제로서의 최초 즉위였다(그러나 제국의 형성은 그의 사후 그의 후손인 오토1세의 신성로마 제국 건립으로 그때서야 정식적인 황제 칭호가 이루어졌다). 유럽 국가 형성에 카롤루스 대제는 지대한 공헌을 하였고 그래서 카롤링거 왕조가 탄생하게 되었다.

참조)카롤루스 대제의 성과

    1.중부 유럽 세계의 형성(독일/프랑스/이탈리아)

    2.기독교의 로마 교황 지위 확립(신의 대행자 -대관)

    3.봉건제의 기초 성립(유력자와 군사적 동맹)

-.메르센 조약(870년)

카롤루스 대제가 죽은 후 프랑크 왕국은 프랑스, 독일 그리고 이탈리아로 분할되었다(유목민족의 특성상 1인에게 물려주지 않았다). 그 후손들의 여러 사건들을 통해

870년 동프랑크(독일)와 서프랑크(프랑스)가 메르센 조약을 통해 국경이 확립되었다. 이 조약을 중세의 시발점이라고 본다.

2. 독일: **신성**로마 제국

-.오토 왕조(작센 왕조 919~1024년)

카롤루스 대제 사후 분할된 세 개의 국가 중 하나인 독일의 <u>오토1세</u>는 작센왕조로 신성로마 제국을 건립하였다(마침 이때 오토1세의 아들 오토2세가 동로마 제국 황제의 조카딸과 결혼하여 명목상의 이유를 획득함).

이로써 <u>서유럽에는 황제가 이어졌다</u>. 다만 두 제국의 차이점은 동로마 제국은 역사적 특성상 황제가 우위인 반면에 신성로마 제국은 교황이 대관식에서 작위를 부여해 주어야 황제로서의 자격이 주어지므로 교황이 황제보다 우위에 있게 되었다(역사적 사건으로 유명한 카노사의 굴욕 – 당시 세속권력의 표시인 영지를 교회 주교가 쥐고 있어 주교에 대한 서임권을 획득하려는 신성로마 제국의 황제 하인리히4세와 이를 반대하는 교황 그레고리오7세 간의 대결).

그 이후 황제가 되어도 교황의 작위 부여가 되지 않아 황제가 되지 못하고 단지 왕으로 머무르게 되기도 하였고 역사상 이러한 황제가 없는 시기를 대공위(大空位)시기라고 한다.

-. 합스부르크 왕조(1526~1918년)

　신성로마 제국의 오토1세 시절 독일의 변방(바이에른)에서 처음에는 작았으나 여러 가지 사건을 거쳐 탄생한 오스트리아의 합스부르크가는 점차 그 세력을 확장하였고 결국 이 가문 출신의 루돌프1세는 대공위 시대를 종식하고 신성로마 제국의 황제에 올랐다. 이로써 합스부르크 왕조가 탄생하게 되었다.

　또한 종교개혁 등으로 교황의 세력이 약해지자 합스부르크 왕조의 막시밀리안1세(15세기 경)는 그동안 관례처럼 진행하여 오던 황제에 대한 교황의 승인 과정을 없애 버리고 오직 선제후의 선거를 통한 황제 선출을 감행하였다.

3. 스페인(에스파냐)

　게르만 민족의 이동으로 동고트족은 이탈리아를 침략한 반면에 서고트족은 에스파냐를 공략해 서고트 왕국(에스파냐)을 세웠다.

　그러나 중동 지역에서 일어난 이슬람 제국의 우마이야 왕조가 아바스 왕조에 의해 몰락되면서 왕족 일부가 가까스로 살아남아 중동을 탈출해 이베리아 반도로 도망쳤고, 그곳을 무력으로 정복하고 국가를 세웠다(코르도바 칼리프국 756~1031년).

　이로 인해 기존에 거주하던 기독교도인들은 이베리아 반

도 북쪽으로 도망쳤다. 그 후 서유럽의 이슬람 제국은 피레네 산맥을 넘어 중부 유럽을 공략했으나 카를 마르텔에 의해 저지당해(이 당시 그 유명한 '팔랑크스 대형'을 사용함) 결국 이슬람 제국의 국경이 피레네 산맥 남쪽으로 한정되었다.

세월이 지나 이슬람 제국의 세력이 약화되자 북쪽에 쫓겨났던 기독교인들이 국토수복운동(레콘키스타)을 벌여 이슬람 제국을 물리치고 그곳에 여러 나라를 세웠다. 그 중 가장 강력한 카스티야의 이사벨1세와 아라곤의 왕 페르난도 2세가 결혼을 통해 통합하면서 에스파냐를 석권하였다(1492년). 이들의 자녀가 공주 후아나이다.

참조)페르난도2세와 이사벨1세는 신대륙 탐험을 주선하여 1492년 미 대륙을 발견한 콜럼버스의 항해를 후원했다. 결국 신대륙인 인디언이 사는 아메리카를 발견하였다. 그 후 수차례 여러 유럽 국가들이 북쪽과 남쪽 아메리카 대륙을 침략하였다.

혼인을 통한 영토 확장이 통용되던 시절 합스부르크 왕조의 막시밀리안1세의 아들 펠리페1세는 에스파냐의 공주 후아나와 결혼하여 에스파냐는 합스부르크 왕조의 지배하에 들어가게 되었다. 펠리페1세의 손자인 카를5세에 와서 합스부르크 왕가는 에스파냐(스페인), 독일 그리고 오스트리아 등을 거느리는 대제국으로 성장하였다.

이를 바탕으로 카를5세의 아들 **펠리페2세**는 드디어 '해가 지지 않는 제국, 스페인(에스파냐)'을 이룩하였다.

그러나 영국 엘리자베스1세와의 해상전투에서 패하고 기독교의 철저한 신봉으로 많은 유능한 기술자(유태인, 무슬림)들이 보다 종교에 자유로운 네덜란드 등 여러 나라로 이주하고 포르투갈도 독립하면서 스페인은 쇠약해졌다.

4. 프랑스와 영국: 100년 전쟁(1337~1453년)

메르센 조약 이후 유럽은 본격적으로 중세에 접어들고 이에 따라 봉건제도가 발달하기 시작했다. 즉 왕은 기사(공국)에게 땅을 하사하고 기사는 왕에게 충성을 서약하였다.

프랑스 북쪽에 있는 (프랑스)카페 왕조의 신하인 노르망

디 공국의 공작 윌리엄1세는 1066년 바다 건너 영국을 침공하여 정복하고 노르만 왕조를 세웠다. 그래서 영국 국왕은 왕인 동시에 프랑스 신하(공작)의 이중 신분을 가지게 되었다. 이런 상황에서 프랑스 왕은 지속하여 영국 왕의 프랑스 지분(땅)을 계속 점령하였고 이러한 상호 이해충돌 관계가 계속 지속되었다.

노르만 왕조를 이어받은 플랜태저넷 왕조의 에드워드3세의 어머니는 (프랑스 왕)필리프4세의 딸 이사벨라로 카페 왕조의 (마지막 왕)샤를4세와 숙질 관계였는데, 샤를4세가 죽자 이사벨라는 왕위를 요구했으나 여성이 왕위 계승이 금지된 법이 있어 다시 그의 아들 에드워드3세의 프랑스 왕 승계를 주장하였다. 결국 프랑스 발루아 왕가의 초대 왕인 필리프6세가 왕이 되었고 끝내 두 나라의 전쟁으로 발전되었다.

초기에는 영국군이 우세하였으나 결국에는 프랑스군이 승리하였고, 마침내 영국의 대륙에 대한 지분을 완전히 몰수해 영국은 섬나라로서의 국가, 프랑스는 대륙 국가로서의 자리를 공고히 하여 유럽 국가 형태를 확립시키는 계기가 되었다.

참조)이 전쟁에서 유명한 (프랑스 쪽에서) 잔 다르크가
등장한다. 잔 다르크는 영국군에 잡혀 화형에 처해
진다.

스페인 제국이 서서히 기울어갈 즈음 백년전쟁을 끝낸 프랑스는 봉건제가 붕괴되기 시작하였고 이에 프랑스 국왕 앙리4세는 중앙집권을 강화하기 시작하였다.

앙리4세는 종교 간의 분쟁을 종식하고 서로의 권리를 인정하는 낭트칙령(1598년 프랑스 내 가톨릭 이외 개신교의 종교적 자유를 인정)을 발표하여 당시 프랑스 내에 계속되던 로마 교회와 개신교 간의 전쟁을 종식시켰다.

2) 종교개혁

1. 금속활자의 발명과 루터의 성서 독일어판 출간

그 당시 지식인(성직자, 귀족)의 전유물인 여러 귀중한 서적(필사본)이 희귀본으로 그들끼리만 읽혀지고 전해졌으나 구텐베르크가 금속활자를 발명(약 1450년대)함으로써 지식의 대중화가 이루어졌다.

특히 성서의 경우 당시 라틴어로 쓰여졌기 때문에 일반인들이 읽지 못했으나 종교개혁자 루터에 의해 독일어로 번역되면서 많은 사람들이 성서를 읽을 수 있게 되었다.

2. 독일의 종교개혁

1517년 마르틴 루터가 그 당시 교황 중심의 가톨릭 사회에 대한 부정부패(면죄부 등)에 대항하여 성서 중심의 교회로 재편하여 개신교를 탄생시켰다.

3. 영국의 종교개혁

영국 국왕 헨리8세가 본인의 정치적 목적(후계 구도 등)

을 위해 로마 교황청에 반하는 왕위지상권(수장령 1534년)을 반포하고 수도원 해산법을 통과시켜 영국 성공회를 로마 교회로부터 독립시켰다. 이에 종교 압박을 피해 많은 개신교도들이 영국으로 이주했고 이러한 개신교도들을 청교도라 칭했다.

1600년대 영국에서 엘리자베스1세의 후임으로 제임스1세가 즉위하였다. 제임스1세는 성공회 위주의 정치를 펼쳤고 이에 불만을 품은 개신교 특히 청교도 신자들이 새로운 정착지를 위해 배(메이플라워호)를 타고 아메리카 대륙으로 이주하였다.

4. 30년 전쟁(1618~1648년)

유럽에서 가장 큰 전쟁 중 하나인 제1차 세계대전(1914~1918년)은 사망자가 약 900만 명 되는데 그 전의 최대 전쟁은 30년 전쟁으로 사망자가 약 800만 명으로 1차 세계대전에 근접한다(제2차 세계대전[1939~1945년]은 사망자 약 6천만 명이다).

30년 전쟁은 대표적인 종교전쟁이다. 신성로마 제국의 황제인 페르디난트2세는 로마 가톨릭을 선호하여 국민에게 종교적 신앙을 강요하였다. 이에 불만을 품은 신교도들의 국가가 연합하여 신성로마 제국에 대항하였고 이에 대응해 가톨릭 계통의 국가들도 연합하여 전쟁이 발발되었다.

30년 전쟁 결과(1648년) 유럽에서는 신흥 강대국이 등장하였다. 네덜란드가 독립하였고 영국, 프랑스 등도 상당한 토지를 확보하는 대신 신성로마 제국의 위상은 추락하였다.

30년 전쟁 이후 스페인 왕위계승 전쟁(1701~1714년, 프랑스와 오스트리아)이 발발했고 이것은 합스부르크 왕가의 카를로스2세가 후사가 없어 발생한 전쟁으로 결국 스페인은 프랑스의 펠리페5세가 왕통을 이어 받았다(부르봉 왕조). 결국 중세는 종교전쟁 아니면 왕위계승 전쟁이다.

5. 미국의 독립과 프랑스혁명 그리고 나폴레옹

신대륙으로 이주한 청교도들이 거주한 곳은 일종의 영국의 식민지였다. 그렇기 때문에 세금을 영국에 납부하였다. 그런데 세금을 포함한 여러 문제로 결국 그들은 미국이라는 나라를 세우고 영국과 독립전쟁을 벌였다. 결국 독립전쟁 (1775~1783년)에서 승리한 그들은 미국이란 나라를 건설하였다.

미국의 독립전쟁에서 영국과 적대적 관계에 있는 프랑스가 미국을 많이 도와주었다. 그런데 미국 독립전쟁에서의 많은 물자 원조가 결국 프랑스 재정을 파탄 나게 하였고 이에 절대왕조에 불만을 가진 프랑스 국민들이 그들의 체제에 대항하여 혁명을 일으켰다(프랑스혁명 1789년).

프랑스혁명 시 벌어진 전쟁에서 커다란 승리를 한 나폴레옹은 국민적인 영웅으로 급부상하였고 결국 황제에 오른 나폴레옹은 전 유럽을 석권하기 시작했다. 그러나 영국과의 전쟁에서 참패 후 몰락하였고 나폴레옹 이후 유럽에는 급속도로 프랑스의 자유주의가 전파되기 시작하여 유럽의 각국들이 근대국가의 면모를 갖추게 되었다.

　여담)몽고의 칭기즈칸 군대가 세계를 제패하고 공포의 대상이 된 이유 중의 하나가 그들의 속도전 때문이다. 기마병을 주력으로 하는 그들의 전쟁 방식에 상대방은 준비할 틈도 없이 당하고 만다. 속도라는 것은 전쟁에 있어서 가장 중요한 요소의 하나이다.

　근세 유럽의 부의 대명사인 유태인 그 중에서도 로스차일드가는 유명하다. 마이어 암셀 로스차일드의 3남인 네이선은 특히 정보의 신속성을 중요시 하였다. 나폴레옹과 영국의 전쟁인 워털루 해전에서의 승패는 주식시장에서의 국채 가격에 큰 영향을 준다. 이틀 먼저 영국군의 승리를 접한 네이선은 국채를 팔기 시작했고 가격은 순식간에 바닥으로 곤두박질쳤다. 얼마 지나 네이선은 조용히 다시 사 모으기 시작했고 그 후 영국군의 승리 소식이 전해지자 국채는 급등하기 시작했고 네이선은 거액을 거머쥐게 되었다.

6. 백년 **평화**(1815~1914년)

　나폴레옹의 몰락으로 유럽에는 약 100년간 평화가 찾아왔다. 그 시기는 오스트리아 제국, 오스트리아-헝가리 제국

(1804~1918년) 그리고 독일 제국(1871~1918년)의 존속 시기와 때를 같이 한다. 오스트리아의 외교가인 메테르니히와 독일의 비스마르크가 이룩한 외교적 업적이 유럽에 100년간 평화 시대를 지속시켰다.

이 시기를 '벨 에포크(Belle Epoque)' 즉 아름다운 시절이란 뜻이다. 이후에 제1차 세계대전이 발발하였다.

여담)메테르니히의 명언

: 안정이란 움직이지 않고 가만히 있는 것이 아니다.

3) 황제의 종식

천년을 이어오던 로마제국이 동서로 갈리면서 서로마 제국은 게르만족에 의해 멸망하였으나 동로마 제국은 그 후 천년 넘게 이어졌다.

이러한 동로마 제국은 동쪽의 아나톨리아에서 일어난 이슬람 제국의 일종인 오스만 제국의 메흐메트2세에 의해 멸망하였다(1453년). 그러나 그 후 오스만 제국도 급변하는 국제정세에 따라 여러 부침을 거쳐 축소되어 결국 현재의 터키가 되었다.

한편 신성로마 제국의 프란츠2세는 합스부르크의 여러 직할령을 통폐합하여 오스트리아 제국을 건설하여 신성로마 제국의 황제 그리고 오스트리아 제국의 황제를 겸임하였으나 결국 신성로마 제국은 아우스터리츠 전투(프랑스 제국의 황제 나폴레옹과의 전투)에서 패배하여 역사의 뒤안길로 사라지게 된다.

동유럽에서 오스만 제국의 메흐메트2세가 황제로 칭하였으나 역시 제국의 쇠약으로 황제 칭호가 사라졌다. 반면에 서유럽에서는 신성로마 제국의 황제에 이어 마지막으로 황제 자리에 오른 사람은 프랑스 제국을 선포한 걸출한 영웅 나폴레옹이었다. 그도 역시 형식적으로 교황의 집전을 통해 대관식을 거행하였다.

전쟁의 귀재 나폴레옹은 수많은 전투를 통하여 전 유럽을 석권했으나 마지막에 영국과의 해전에서 패하여 결국 역사의 뒤안길로 사라져 버렸다.

나폴레옹의 유럽전쟁으로 프랑스의 자유주의는 유럽으로 멀리 퍼졌고 그 후 약 100년간의 평화가 찾아왔다. 그러나 여러 가지 대내외적으로 불안한 유럽은 결국 제1차 세계대전이 발발하였고 나폴레옹을 마지막으로 서유럽에서도 황제의 칭호는 사라지게 된다.

4) 근대 유럽: 유럽 국가의 해외 확장

유럽 국가는 동쪽에서 이주한 유목민족(흉노족, 게르만 민족)에 의해 형성된 국가이다. 그래서 열린계의 특성을 가지고 있다. 따라서 그 후계구도가 한 자식에게 물려주는 것이 아니고 여러 자식에게 분봉(分封 영토를 나누어주는 것) 하는 것이었기 때문에 시간이 지날수록 국가의 크기가 작아지고 세력이 약화되었다.

결국 유럽은 이러한 작은 나라들이 투쟁을 거치는 약육강식의 세계가 되고 이러한 여러 복잡한 사건과 과정을 거치고 또한 후계구도가 정립되어 어느 정도 국경이 정립된 여러 국가가 세워지게 되었다.

그러나 열린계의 특성을 가진 유럽 국가들은 각자가 일정 국경을 가진 독립국가로 형성된 후에는 그들의 영토를 단순히 유럽 내부에만 국한할 수는 없었다. 그래서 영토 확장을 위해 유럽 밖으로 즉 해외로의 진출을 도모하게 되었다(물론 무역의 발달이 이를 가속화했고 또한 동쪽으로의 무역을 가로막는 거대 제국 오스만 제국을 피해 우회하여 항해하였기에 항해술의 발달을 가져왔다).

즉 열린계인 유럽에서의 그들의 특성상 최정점(頂點)은 해외 식민지 개척이다.

-1. 르네상스(14세기 후반 ~ 16세기 후반)

동로마 제국이 무너지기 직전인 14세기(1300년대) 후반부터 16세기(1500년대) 후반까지 유럽에서는 중세 봉건제도가 무너지면서 그리스 학문으로의 회귀 운동이 일어났고 그것이 르네상스 운동이다.

십자군 전쟁의 패배로 교황의 권한이 추락하고 급기야 중세가 무너지면서 과거의 회귀를 추구하는 르네상스로 인해 과학이 발달하였다. 물리학과 기타 자연과학의 발달은 앞선 무기의 개발을 가져왔고 따라서 유럽은 타 대류에 비해 군사적 강국으로 성장하였다.

　동력(動力 엔진-증기기관)을 이용하게 되어 **산업혁명**이 탄생하였다(면직물 직조, 기차 등). 이에 상업이 번성하여 중상주의가 생겨났고 무역업이 성행하였다. 이와 더불어 금융업이 발달하였는데 네덜란드로 이주한 유태인에 의해 이루어졌다. 그들은 발달한 금융업을 기반으로 네덜란드에 최초의 동인도 회사를 설립하였다.

-2. 대항해 시대(15~17세기)

　중상주의의 대두로 부를 축적하려는 무역업이 성행하였는데 유럽의 대표적인 무역국가가 인도였다(향신료). 그러나 인도로 가는 동쪽 길을 거대한 오스만 제국이 가로막아 버렸다. 이에 과학의 발달과 맞물려 항해술이 발달하여 바야흐로 대항해의 시대가 개막되었다. 인도로 가기 위해 서쪽으로 항해한 결과 인도가 아닌 미국(아메리카)이 발견되었다.

　에스파냐 남단과 아프리카 북단의 좁은 해협은 지브롤터 해협으로 일명 헤라클레스의 두 기둥이라고 불린다. 원래는 '헤라클레스의 두 기둥'을 넘으면 안 된다는 말이 있었으나 신성로마 제국의 카를5세가 이 금기를 깨고 이곳을 넘어 해외 식민지로의 대항해를 시작하여 이것은 식민지 야망의 상징이 되었다.

-3. 식민지 개척 시대(16~19세기)

막강한 무기의 개발과 (기원으로는 여러 학설이 다양하지만 일반적으로 중국에서 들여온)나침판으로 강한 군대를 보유한 유럽의 여러 나라는 적극적으로 해외 식민지 개척에 주력하였다. 이것은 또한 유럽에 절대왕정이 수립되었던 시기이다.

-4.1차 세계대전과 근대국가 형성

백 년 동안 평화가 유지되면서 산업혁명을 통해 막강한 부를 이룬 영국과 프랑스는 대량으로 생산되는 제품의 소비처를 위해 해외 원정을 하였고 이에 막대한 해외 식민지를 차지하게 되었다. 그런데 통일전쟁을 거치면서 뒤늦게 발전된 독일은 해외 식민지 개발 역시 늦어져 기존 영국과 프랑스의 식민지를 빼앗아야 했고, 이러한 이해충돌이 영국과 프랑스 등의 협상국과 독일제국과 오스트리아-헝가리제국 등의 동맹국 간에 크나큰 전쟁 즉 제1차 세계대전의 발발로 이어지게 되었다.

전쟁은 협상국의 승리로 끝났고 독일제국, 오스트리아-헝가리제국, 러시아 제국은 해체되어 근대 유럽국가로 재편되었다.

참조)유럽 각 나라의 인칭에 대한 여러 발음

　　Charles　영)찰스　불)샤를　독)칼(Karl)
　　Henry　　영)헨리　불)앙리

Phillip 영)필립 스페인)펠리페(Felipe)

   *필리핀이라는 지명의 유래

Peter 영)피터 불)피에르(pierre) 러)표트르

   (성(聖)베드로는 '돌'이라는 의미이다.

   석유: petroleum)

2. 중동의 지배자

(1) 페르시아 제국: 아케메네스 왕조 (BC550~BC330)

  (키루스 대왕)

고대 중동지역에는 바빌로니아 제국이 생기고(함무라비 법전으로 유명함) 그 후 아시리아, 다시 신바빌로니아 제국이 생겼다.

  여담) 함무라비 법전: 인간이 만든 가장 오래된 법전 중의 하나. 눈(eye)에는 눈(eye), 이(tooth)에는 이(tooth)라는 동해보복의 원칙을 적용한 것으로 유명함

페르시아 제국은 이후 이란 지역에서 고대에 세워진 초기 거대 세계제국으로, 이란은 아리아인이 그 어원이고 아리아인은 북아시아에 사는 유목민으로 그들이 이동하여 남진한 무리는 인도를 점령하여 지배계급으로, 또한 서진한 무리는 이란 지역을 지배하여 페르시아 제국이 되었다. 이들은 인도유럽어족의 하나이며 종교는 불을 숭배하는 조로아스터교를 믿는다.

다리우스1세일 때 가장 큰 영토를 가지고 크게 번성하였다. 그리스-페르시아 전쟁에서 마라톤에서 패배하였다. 나중에는 다리우스3세 때 알렉산더 대왕에게 패하여 결국 멸망하고 만다.

여담)고대 인간들은 하늘에 대한 숭배와 기원이 매우 컸
다. 인간은 본래 나약한 존재이기 때문에 불가항력
의 힘에 대한 의존이 크며 그로 인해 종교가 생겨나
게 되었다. 하늘에 대한 동경과 염원은 불[火], 연
기, 산 정상 등이 하늘로 이어지는 매개체라고 생각
하여 이에 대한 숭배가 많이 이루어졌다. 나무 등이
불에 의해 타면 연기가 생긴다. 이 연기는 하늘로
올라가고 그것을 보고 인간들은 자신들의 신(神)에
대한 존경과 숭배의 표시가 하늘에 전달된다고 믿었
다.

예) -.조로아스타교: 불을 숭배

-.고대 인도의 베다 의식: 불과 연기 숭배

-.고대 바빌로니아인의 바벨탑

-.중국에서는 천자가 하늘에 제사를 지낼 때 가
장 높은 지역인 태산에 올라가 지냈음

(2) 사산조 페르시아(224~651년)

알렉산더 대왕 사후 그가 다스리던 마케도니아는 마땅한
후계자가 없기 때문에 그의 유언에 따라 그의 수하였던 3명
의 장수에 의해 3등분으로 갈라지게 된다. 이렇게 알렉산더
대왕 사후 혼란한 이란 지역에서 서부에 있던 파르티아의 지
방 영주 아르다시르1세는 하나의 국가를 즉 페르시아 제국의

사산왕조를 창설하였다.

사산왕조는 동로마 제국과 장기간 전쟁을 하였고 여러 해 동안의 전쟁으로 인해 국력이 많이 쇠약해졌다. 그러다가 나중에 신흥세력인 이슬람 제국에게 멸망했다.

(3) 이슬람 제국(632~1231년 사라센 제국)

이슬람교는 중동의 마호메트에 의해 창시되었다. 세력을 넓혀가는 마호메트는 그 후계자들에 의해 점점 교단을 확장하였고 그 집단이 조직화되어 결국에는 국가 조직을 가진 거대한 제국이 되었다.

후계 구도에서 여러 가지 복잡한 사건이 발생하였고 결국 권력을 잡은 수니파에 의한 우마이야 왕조가 설립되었다. 우마이야 왕조는 약 100년간 유지되었다.

그 후 시아파와 손잡은 집단의 무리들이 우마이야 왕조를 무너뜨리고 아바스 왕조를 세워 집권하였다(그때 우마이야 왕조의 일부가 그들로부터 도망쳐서 지중해를 건너 이베리아 반도로 건너가 그곳에서 새로운 이슬람 국가를 창설하였다).

아바스 왕조는 500년 지속되다가 북아시아에서 일어난 몽골의 침략으로 패망하였다.

참조) 도움이 되는 이슬람 세계 tip

* 지도자

칼리프: 이슬람교의 최고 종교지도자

술탄: 이슬람교의 정치적 군사적 최고 통치자

* 계파

시아파: 초대 마호메트의 직계자손만이 칼리프 승계

수니파: 직계가 아닌 선출로 칼리프 승계

* 왕조

우마이야 왕조: 시아파가 아닌 수니파가 칼리프가 되면
서 세습화, 100년 지속

아바스 왕조: 시아파와 손잡고 우마이야 왕조를 무너뜨
려 세운 왕조. 500년 지속

후(後)우마이야 왕조: 아바스 왕조에 의해 쫓겨난 우마
이야 왕조의 후손이 지중해 건너 이베리아 반도로 가
서 세운 스페인 전신인 이슬람 국가

(4) 오스만 제국(1299~1922년)

아나톨리아 내륙 한 부족장 오스만1세가 세운 나라로서
통상적으로 이슬람 제국의 하나로 분류된다.

메흐메트2세 때 동로마 제국(비잔틴 제국)을 멸망시켰고
쉴레이만(술레이만)1세 때 가장 큰 제국 완성, 그러나 그
후 쇠락의 길을 걸어 결국에는 터키 공화국이 되었다.

여담)쉴레이만은 지혜로 유명한 이스라엘의 솔로몬 왕의
터키어 표기이다.

오스만 제국이 아나톨리아와 발칸반도까지 지배하고 그

위에는 오스트리아 제국이 있었다. 결국 여러 전쟁을 거쳐 오스만 제국은 터키로, 그리고 발칸반도 쪽은 그리스 불가리아 등으로, 오스트리아 제국은 헝가리 크로아티아 등으로 현재의 동유럽국가가 형성되었다.

참조) 로마에서 중동을 가리켜 오리엔트(orient) 즉 해가 떠오르는 지역(동쪽)이라고 했고 이 오리엔트가 아시아를 지칭하게 되었다. 이 지역을 아나톨리아(anatolia)라고도 하는데 역시 그리스어로 '떠오르다'는 의미를 가진다.

참조) 이란 - 페르시아 제국

　　　이라크 - 메소포타미아 지역, 오스만 제국

　　　터키 - 오스만 제국

　　　헝가리 - 흉노족

참조) 스페인과 에스파냐

　　스페인은 영국식 발음이고 스페인어로는 에스파냐라고 한다.

　　원래 이베리아 반도를 고대 로마에서는 '히스파니아'라고 불렀고 이것이 변하여 에스파냐 또는 스페인이 되었다. 스페인이 남미 지역에 식민지가 많이 있고 따라서 이주한 사람이 많아 남미 사람들을 '히스패닉'이라고 부른다.

3. 중국의 지배자

(1) 중국 춘추전국시대 흥망사

개요) 중국 고대 상(商)나라를 멸망시키고 세운 주나라는 약
790년간 유지하였다. 주나라는 중간에 견융에 의해 공격
을 받아 수도를 동쪽으로 옮긴 후 그 시기를 동주(東周)
시대, 그 이전을 서주(西周)시대라고 한다. 동주는 춘추
시대와 전국시대로 나뉜다.

중국의 춘추전국시대는 약 550년 지속되었다. 보통 주
나라를 제외한 그 이후의 제국의 수명이 약 300년인 것을
보면 춘추전국시대의 기간은 상당히 길었고 따라서 백성
들의 피해도 오래갔다.

이렇게 싸움이 길었던 이유 중의 하나가 농경이 중심이
며 따라서 조상 위패를 모시는 풍속에 따라 다른 나라를
침공해도 그 나라 왕의 조상 위패와 이를 지킬 왕족은 살
려두었다. 그런 관계로 패망한 나라들이 다시 일어나며
각축전이 반복되었던 것이다.

그러나 국가라는 것, 특히 농경사회에서 건국된 국가는
일종의 닫힌계이다. 닫힌계라는 의미는 영토와 자원이 유
한(有限)하다는 것이다. 한 나라를 창업한 군주는 유교적
특성상 세습이 되다보니 개국공신과 귀족들도 그 직위와
부(富)가 세습되어진다. 그런데 세습의 문제점은 자손의

수가 점점 증가한다는 데 있다. 자원은 유한한데 먹고 놀 수 있는 사람의 수가 즉 비생산성 인원이 증가하게 되다 보니 나라의 재정이 당연히 악화될 수밖에 없다.

이에 대한 해결책은 두 가지이다. 하나는 전쟁을 하여 영토를 확장하는 것이고, 다른 하나는 귀족들의 세습과 재산을 제한하고 인재를 개발하여 부국강병 하는 방법이다. 중국이라는 닫힌계가 주나라라는 국가로 영토가 확정되었지만 춘추전국시대에는 사실상 봉건적 형태로 각 제후들에 의해 나라가 난립되고 또 어떤 제후는 스스로 왕이라고 칭하였기에 이 시절은 닫힌계 속의 열린계라고 할 수 있다.

각 나라(제후)들 간의 전쟁이 끊임없었고 이러한 시기에 전쟁을 일으킨다는 것은 군사적 우위에 있어야 하기 때문에 부국강병이 최우선이라 할 수 있다. 이러한 부국강병의 방법을 변법(變法)이라 한다.

그래서 변법(變法)은 가장 우선순위를 구 귀족의 권력 제한이나 재산 몰수에 둔다. 특히 세습권력을 일정 세대로만 국한하는 것 등이 중요한 과제인 것이다. 그러나 이것은 당연히 기존 세력의 강한 저항을 받게 되어 많은 나라들이 변법(變法)의 필요성은 알고 있으나 그것의 시행에는 상당한 어려움이 따랐다. 그러나 전국을 통일하기 위한 부국강병책의 일환으로 꼭 필요한 것이기 때문에 중국 춘추전국시대에 위와 같은 문제에 직면한 여러 나라들이 변법을 시행하였다.

전국시대 7웅(연 초 제 조 위 한 진)은 약 100년간 BC 400년을 전후하여 위나라의 문후를 필두로 많은 나라들이 변법을 시행하여 자국 내의 정치체제를 변화시켰다. 이러한 변법은 군주를 중심으로 하는 중앙집권 체제의 확립이다. 그러기 위해서는 구 귀족의 권한을 축소하고 농민에게는 일정한 토지의 소유를 인정하여, 안정적인 국가 생산력 증강에 노력하고 더 나아가 재정적 안정을 통한 군사적 우위에 있게 한다.

1) 춘추시대

-1. 제(齊)환공과 관자(관중 管仲) - 춘추시대

변법을 적극적으로 시행하게 된 시기는 춘추시대 이후인 전국7웅 시대이다. 그러나 이미 그 이전인 춘추시대에 관자 등에 의해 변법의 이론적 기초인 법가가 탄생하였다.

관자는 우리에게는 관포지교 즉 관자와 포숙아의 매우 우애 있는 친구관계로 유명하다. 관자가 어렵던 시절 포숙아가 많이 도와주었고, 또한 제환공이 아직 실권을 잡기 전(前)인 시절 관자와 포숙아는 서로 정적인 편에 서서 각자가 대치관계에 있을 때 포숙아 쪽에서 승리한 후 관자는 처형의 위기에 처해졌으나 포숙아의 적극적인 설득으로 결국 높은 자리에 올라 제환공을 도와 춘추시대 첫 패자(覇者)가 되게 하였다.

관자는 여러 가지 개혁, 즉 세금 병역 그리고 소금 등을 통한 무역과 상업 등에 있어서 대폭적인 개혁을 단행하였다. 아래와 같은 관자의 말이 매우 유명하며 이것은 현대사회의 개간사업과 소비 촉진의 경제 원리와도 매우 부합된다.

'호화 분묘를 지어 많은 사람들의 일자리를 창출해야 한다.'

-2.기타 여러 나라

대부분 법가(法家)의 사람 위주로 진행되었다.

*.조나라가 BC403년에 정치적 개혁을 추진

*.한나라는 BC354년 신불해(申不害)를 재상으로 개혁

*.제나라는 BC357년 추기(鄒忌)를 기용해 개혁 추진

-3.오나라 합려와 오자서/손무

원래 초나라 출신인 오자서는 초나라 평왕과 태자 간의 다툼에 부친과 형을 잃고 오나라로 도망가서 오왕 합려의 신하가 되었다. 오나라에서 오자서는 오왕 합려를 도와 변법을 시행하였고, 군사적 재능이 있는 손무를 추천하였다.

그러나 손무에 대해 자신이 없는 오왕은 손무에게 시험을 내주었고(궁녀들을 강한 군사로 훈련시키기) 손무

는 오왕 합려에게 능력을 시험하는 자리에서 오왕이 아끼는 두 후궁을 죽여서 군기를 세워 그 능력을 인정받아 오나라 대장군으로 임명되었다.

오나라는 이웃 월나라와 숙적 관계이며 따라서 월나라와 전쟁을 많이 하였고(오월동주라는 고사의 기원) 그 와중에 오나라 군주 합려는 월나라의 무장이 쏜 화살에 맞아 파상풍으로 죽고 말았다. 합려는 죽기 전에 아들 부차에게 복수를 부탁하게 된다.

새로 왕이 된 부차는 월나라에 대한 복수를 잊지 않기 위해 그가 침실에 들어갈 때에 지키는 병사에게 합려의 유언을 반복하게 하고, 잘 때는 방바닥에 장작을 쌓아놓고 그 위에서 잠을 잤다. 여기에서 와신상담(臥薪嘗胆)이라는 고사가 생겨났다.

오자서의 도움으로 국력을 충실히 키운 오나라는 그 힘을 착착 쌓아 갔다. 그러나 후환을 두려워한 월나라 구천이 침략을 단행했지만, 오나라는 병법의 귀재 손무에 의해 반격하여 구천을 몰아붙인다. 구천이 항복을 하자, 오자서는 구천을 사살하여 후환을 없애야 한다고 주장했지만 받아들여지지 않았다.

오자서와 부차는 서로 계속 반목 상태가 되고 오자서는 결국 부차와 변법으로 자신의 입지가 좁아진 구 귀족 세력들에 의해 죽임을 당한다. 결국 오자서에 의해 강력해진 오나라는 오자서의 죽음 이후(손무도 오나라를 떠난 상태에서) 월나라에게 망하게 된다.

-4. 월나라 구천과 범려

오나라 손무에게 참패를 당한 월나라 군주 구천은 범려와 문종을 기용해 부국강병을 하여 국력을 차츰 키워나갔다. 또한 빼어난 미인 서시(西施)를 이용한 미인계를 써서 오나라 군주 부차를 혼란 속에 빠뜨렸고 결국 오나라는 월나라에게 패망하고 말았다.

이 과정에서 일등공신은 범려와 문종이다. 그런데 오나라를 멸망시킨 후에 범려는 문종에게 같이 월나라를 떠나자고 하였다. 그 이유는 월나라 왕 구천은 '함께 고난을 견딜 수는 있어도 함께 즐거움을 누릴 수는 없는' 인물이기 때문이라 하였다.

그러나 문종은 그의 말을 듣지 않고 남았다가 결국에는 구천에게 죽임을 당했다.

여담)'함께 고난을 견딜 수는 있어도 함께 즐거움을 누릴 수는 없는' 경우는 우리나라 고전 드라마에 잘 나오는 소재이다. 여자가 고생하며 남자를 도와 어려움을 같이 나누며 노력하여 남자는 결국 시험에 합격하여 크게 성공하나, 남자는 여자를 배신하고 부잣집 여자와 결혼한다는 설정

여담)이 이야기는 진나라 말기 초나라 항우와 한나라

유방과의 싸움을 생각나게 한다. 한나라 유방의
참모(지장) 장량은 초나라를 물리치고 천하를 통
일한 후에 스스로 물러났으나(공수신퇴 功遂身
退) 가장 공을 세운 한신은 물러나지 않고 있다
가 결국에는 한고조 유방의 의심을 사서 그에게
죽임을 당했다.

　　아! 역사는 반복되는 것인가. 이것이 우리가
역사를 배워야 하는 이유인 것이다.

여담)설화에 의하면 범려는 미인 서시(西施)와 함께
월나라를 떠나 제나라로 건너가 그곳에서 장사를
하여 거대한 부를 이루어 상업의 신이라는 명성
을 얻게 된다.

2) 전국시대

　　많은 나라들이 난립한 춘추시대가 점차 정리되면서 이
루어진 전국7웅의 전국시대는 수많은 백성들의 빈부귀천
이 조석으로 변화되는 시기이다. 그래서 전국시대에는
국경선의 개념이 사라진(?) 것으로 여기저기를 옮겨 다
니면서 자신이 섬기는 군주를 선택하는 이합집산의 시기
로서 모든 나라가 통일을 바라던 시기이다.

　　이 당시의 재야 인재(人才)들은 자신을 써줄 군주를
찾아 흩어진 모든 국가를 돌아다녔다. 그리하여 무명소
졸이 하루아침에 고관대작에 오르는 경우도 생기게 되었

다(대표적인 사람이 소진과 장의이다). 바로 권세 있는 가문이 아닌 재능에 의해 평가받는 시기가 도래하게 된 것이다.

-1. 손빈과 방연

병법의 대가 귀곡자(鬼谷子)에게는 4명의 제자가 있었으니 손빈, 방연, 소진, 장의이다.

소진과 장의는 유세가로 먼저 소진이 연나라를 필두로 강한 진나라에 대응하기 위한 6개국의 연합(합종)을 펼쳤다. 반면에 장의는 진나라를 중심으로 동맹을 주장하였다(연횡). 결국 전국은 진나라의 왕(영정) 즉 진시황에 의해 통일되고 만다.

손빈은 방연보다 뛰어난 재능을 스승 귀곡자에게 보였다. 그러나 하산은 방연이 먼저 하였고 그는 위나라로 들어가 크게 성공하여 대장군이 되었다. 그 이후 손빈은 방연의 추천으로 위나라에 들어가 능력을 발휘하였다. 그러나 손빈의 능력에 대한 방연의 시기와 모함으로 손발이 잘리게 되었다. 손빈은 제나라로 도망갔고 제나라와 적대적 관계에 서게 되었다. 위나라와 제나라의 싸움에서 결국 방연은 손빈의 계략에 넘어갔다. 손빈이 전략상 후퇴하였는데 방연은 그를 계속 추격하다가 손빈이 덫을 놓은 나무 밑에서 화살에 맞아 죽게 되었다.

결국 위나라나 제나라는 큰 변혁이 없었다.

-2.위나라 문후(文侯)와 이회((李悝)/오기(吳起)

위나라는 진나라와 인접해 있고 그 인접 지역에서 백성 간의 분쟁이 자주 있었다. 분쟁의 귀책을 판단하기 쉬운 경우는 바로 판결하였으나 그 진위를 그 당시 정말 판결하기 힘든 경우 위나라 대신인 이회는 분쟁 중인 두 사람의 활 시합으로 판결하였다(습사령).

이것은 지금 보면 너무 황당한 것이었으나 일단은 판결이 난해한 사항의 경우이고, 또한 이 법령으로 인해 위나라 사람들의 궁술 실력이 대단히 향상되어 이후 진과의 전쟁에서 군사들은 진나라 군사들을 물리치는 데 큰 공을 세우게 되었다. 이로 인해 이회의 재능을 인정한 문후는 그를 곧 위나라 재상으로 임명하였다.

위나라의 재상이 된 이회는 변법을 시행하게 되었다. 이회에 의해 추진된 변법은 훗날 중국 역사에 수많은 변법/신법에 영향을 준다.

그에 의해 시행된 것들이 법경(法經)이라는 법전으로 만들어지는데 후에 진나라에 들어가 변법을 시행한 법가의 한 사람인 상앙도 이 법경(法經)을 참고로 하여 진나라 율법을 세우게 된다.

병가, 법가 그리고 유가의 사상에 정통한 오기(吳起)는 여러 나라(위나라 출신 - 노나라 - 위나라 - 초나라)를 떠돌던 중 위나라 초도왕이 추진하는 변법에 참여한다(BC390년 경). 위에 온 오기는 친히 이회가 추진하는 변법의 과정을 목도하고 훗날 이를 적절히 활용한다.

여담)오기는 병가(兵家) 출신이고 이회는 법가(法家) 출신이다. 이들 관계는 오나라의 손무와 오자서와 비슷하다.

여담)중국의 병법서로 유명한 손자병법은 오나라의 손무에 의해 작성된 것으로 지피지기(知彼知己 적을 알고 나를 알면)이면 백전불태(百戰不殆 백번 싸워도 위태롭지 않다)로 유명하다. 제나라의 손빈도 역시 병법서를 저술하였다.

위나라 문후에 의해 관직에 오른 오기는 군사들을 훈련시켜 타국들과 76차의 출병으로 64차 승리를 한다. 그는 진의 하서지방을 점령하고 위가 이곳에 설치한 군(郡)에 수령으로 재직하며 위나라 문후 또는 무후와의 대화를 담은 것으로 유명한 병술서의 양대 산맥인 오자병법을 저술하였다.

그러나 문후의 뒤를 이은 무후(원년-기원전 395년에 재상 이회가 죽었다)는 단지 전쟁만을 하고 더구나 오기에 대한 문후만큼의 관심이 못되는 와중에 오기가 진나라와 전쟁을 하여 진나라 땅을 얻었으나(위나라 무후 9년-BC 387년) 무후는 간신의 말을 듣고 오기를 의심하였다. 이에 오기가 초나라로 달아났다 그 후 무후의 아들 양혜왕의 실정으로 위나라는 쇠락의 길을 걷는다.

-3.초나라 도왕과 오기(吳起)

위나라를 떠난 오기는 초나라로 가고 마침 그때 변법의 필요성을 느낀 초도왕에 의해 재상이 된다.

오기는 초나라에서 초도왕의 적극적인 후원에 힘입어 (위나라 이회가 시행한 변법을 응용해) 변법을 시행하는데, 그것은 주로 구 귀족들의 특권에 대한 타파였다. 호적제와 세습제한(3년 이후 공이 없으면 박탈) 등으로 인해 구 귀족들은 오기를 싫어하였다. 반면에 기존세력에 불만인 백성들은 좋아했는데 불행하게도 초도왕이 중간에 죽어버린다.

이에 구 귀족들이 들고 일어나 오기를 죽이려 하자 오기는 죽은 초도왕 시체 뒤에 숨었고 이에 구 귀족들이 오기를 향해 쏜 화살은 오기는 물론 초도왕의 시체에도 박힌다. 이것은 군주 신체 훼손죄로, 이로 인해 구 귀족들도 죽음을 당한다. 그렇지만 결국 초나라 권력은 다시 구 귀족에게 넘어가고 개혁도 끝나고 만다.

-4.진나라의 변법

진나라의 변법은 여러 왕을 거쳐 서너 번 시행을 거듭하였다. 타국과 비슷하게 중간에 몇 번의 부침은 있었으나 그들과 다른 점은 그래도 계속 이어져 왔고 결국 계속되어 오던 변법이 진시황 때에 이사를 등용하여 변법을 완성시키고 이를 기반으로 부국강병을 시행하였다. 결과 진시황은 나머지 6국을 차례로 정벌하여 전국을 통일하게 된다.

　*효공(상앙)-혜문왕(장의)-소양왕(범저)-시황제(이사)

*1.효공과 상앙

　진나라 효공(孝公)은 널리 인재를 구하였다. 이에 법가로 유명한 상앙(商鞅)이 효공를 찾아간다.

　효공과 상앙은 3차례 대담을 하였으며 1차와 2차의 대담은 주로 유가와 관련된 치국과 왕도에 대한 것이었으나 이에 대해서는 효공이 큰 관심을 보이지 않다가 부국강병을 논한 3차 대담에서 크게 감복하였다. 이에 직위를 하사하고 변법을 시행하였다.

　이때 상앙은 이목지신(移木之信)이라는 고사를 생겨나게 하였는데 그것은 남문에 세워놓은 나무를 북문에 옮겨 놓으면 큰 상금을 내린다고 하였다. 다소 황당한 법령에 사람들이 믿지 않았다. 그래서 많은 사람들이 무관심하였는데 어떤 한 사람이 반신반의하면서 실제로 옮겼고 이로 인해 큰 상금을 받았다. 그 후 어떤 법령이라도 백성들이 잘 순종하게 되었다.

　상앙은 오기가 살해된 초나라에서 이회가 만든 법률문서를 가지고 진나라에 와서 이것을 토대로 여러 법령을 제작하여 진을 강력한 중앙집권체제로 만들었다.

진효공이 살아생전에 상앙을 매우 신뢰하여 변법이 잘 진행되었으나 진효공이 죽자 혜문왕(惠文王)이 즉위하였고 이에 귀족들은 상앙을 모함하였다. 이를 피해 도망가다가 자신이 설정한 법에 스스로 걸려 결국 귀족들의 손에 의해 거열형을 당했다.

*2.혜문왕과 장의

진효공의 뒤를 이은 혜문왕(惠文王)은 비록 상앙을 죽였지만 그가 세운 변법은 계속 유지하고 또한 연횡책으로 유명한 장의(張儀)를 등용하였다.

*3.소양왕과 범저

혜문왕의 뒤를 이은 소양왕(昭襄王)은 원교근공(遠交近攻) 책략으로 유명한 범저(范雎 범수라고도 읽는다)를 등용한다. 범저와 백기(白起) 장군의 활약으로 진나라는 전국 통일의 기반을 닦아 놓았다. 백기 대장군은 조나라와의 장평대전에서 크게 승리한 후 조나라로 공격을 주장하였으나 조나라에 의한 범저와의 이간책에 의해 결국 조나라의 공략은 중단되고 전국 통일의 꿈은 다시 한 번 무산되고 만다.

*4.진시황과 이사

진왕 영정(후일 진시황이 되었다)은 사실 진나라의 왕위를 이을 상황이 아니었으나 장사꾼인 거상(巨商) 여불위 덕에 간신히 왕위에 올랐다. 이로써 고위직에 오른 여불위는 전권을 휘두르고 권력을 남용했다. 이러한 여불위와 대립하다가 노애의 난을 계기로 그를 제거하고 자신에 의한 왕권과 중앙집권을 강화하였다.

그 후 인재를 등용하고 부국강병을 위하여 변법을 적극 추진하였고 그 대표적인 법가가 초나라의 이사(李斯)였다. 그는 처음에 유가(儒家)를 배웠으나 나중에 법가에 대하여도 공부를 하였다. 그는 여불위의 추천으로 진왕 영정을 보좌하게 되었고 진의 정책 결정에 중요한 역할을 담당하였다.

이사(李斯)에 의한 변법의 꾸준한 추진을 강행한 진나라는 결국 전국을 제패하여 중국 최초의 통일국가가 되었다.

추가) 춘추전국시대 모든 나라의 군주들이 통일을 염원했고 따라서 법가(法家)의 변법을 적용하기 위해 많은 인재를 등용했다. 그런데 예외인 나라가 있었으니 조나라였다. 조나라 무령왕은 뛰어난 군주이다. 그 스스로 개혁성을 선보였는데 대표적인 것이 호복기마술(胡服騎馬術)이다. 즉 당시 중국은 유교의 예법을 받아들여 모든 것에 예(禮)의 범절을 중시했고 따라서 북쪽 이민족을 야만인이라 멸시했는데 무령왕은 당시 예복을 벗어 던지고 호족이 입는 호복 즉 바지와 간편 소매를 착용하고 더불어 기마술을 적용하였고 이것들이 실제 전장에서 상당히 우월함을 입증하였다. 그러나 그는 성격이 매우 특이하였고 그의 이러한 괴짜 성격은 후세구도에도 나타나 자신이 살아생전에 스스로 아들에게 군주자리를 양위하고 자신은 주보로 칭하며 막후정치를 펼쳤다. 그러나 결국에는 아들에 의해 궁에 갇혀 굶어 죽음을 당했다. 만약 무령왕이 후계구도를 잘하였으면 천하는 진나라가 아닌 조나라의 것이 될 수도 있었다. 그렇지만 역시 역사에는 가정이 의미가 없는 법이다.

-5. 변법의 어려움

*. 오왕 합려 사후(死後) 왕이 된 부차(합려의 자식)는 오자서의 도움으로 월나라와의 전쟁에서 승리하였다. 오자서는 항복한 월나라 왕 구천을 죽이라고 오왕에게 건의하였으나 월나라의 이간책(서시-西施 월나라 미녀-를 통한 미인계 등)에 놀아난 오왕은 월왕을 죽이지 않았고 이로 인해 또한 계속되는 이간책에 서로 간에 안 좋은 관계를 유지하다가 결국 부차가 건네준 칼을 가지고 자살하고 만다. 오나라는 결국 다시 부활한 월나라에 의해 망하고 만다. 반면에 손무는 오나라를 떠나 여생

을 홀로 마친다.

사실 오자서는 유가(儒家)의 치국(治國)론에서 가장 많은 찬반의 의견을 야기하는 인생을 살았다. 자신의 군주를 복수하여 죽였기 때문에 유교의 충(忠) 사상을 저버렸다고도 평하고(그러나 그 당시는 매우 혼란한 시기로 많은 인재들이 여러 나라를 옮겨 다녔기 때문에 충의사상이 애매모호한 시기였다) 반면에 혼미한 군주는 죽여도 된다는 긍정론을 불러일으키기도 하였다. 사실 여기서 혼미하다는 기준과 판단(누가 판단할 것인지)이 매우 어렵다.

이것은 결국 역사가 증명하는 일이다. 혼미한 군주를 죽여 다음 군주에 의해 태평성대를 누리면 잘한 일이고, 그런 전례를 따라 국가가 계속 혼란에 빠지면 못한 일이 되게 된다.

*.월나라 문종은 오나라를 격파 후 월왕 구천에 의해 죽음을 당했다.

반면에 범려는 월왕 구천은 '고난은 함께 할 수 있어도 부귀는 함께 할 수 없는' 인물이라며 문종에게 같이 떠나자고 제의했으나 거절하여 홀로 월나라를 떠나 다른 나라에서 상인으로 성공해 경제적 부를 이룬다.

*.초나라 오기는 초도왕 시절에는 그의 후원으로 변법을 잘 시행하였으나 초도왕 사후 새로운 왕은 오기를 별로

좋아하지 않아 시기와 질투에 가득 찬 구 귀족들의 화살과 창 세례를 받아 고슴도치가 되어 죽었다(초도왕의 시신을 안고 화살에 맞아 죽었기 때문에 왕의 시신을 훼손한 귀족들도 죽음을 당한다).

*.진나라 상앙은 군주(진효공)가 바뀐 후 역시 구 귀족의 모함을 받아 몰래 도망가다가 결국 자신이 만든 법에 의해 체포되어 거열형으로 온몸이 찢겨 죽었다.

*.진시황은 한비자가 쓴 저서를 보고 매우 감복하여 중용을 하려 했으나 이를 시기한 이사가 모함을 하였고 이에 한비자(韓非子)는 자신의 포부를 펼치지도 못하고 옥중에서 자살하였다.

*.진시황제를 도와 천하통일의 일등공신이 된 이사(李斯)는 진시황 사후 그의 뒤를 이은 황제와 실권을 잡은 환관에 의해 모함을 받고 결국 저자거리에서 아들과 함께 목이 잘렸다.

*.이 모두가 기존질서를 바꾸려는 변법(변화)이 정말 힘들다는 것을 보여준다.

(2) 중국의 통일 왕조

중국은 그들이 야만족이라 칭하는 진나라에 의해 전국이 통일되며 닫힌계의 영토가 되었다. 진시황이 중국이라는 닫힌계를 이룩한 장본인인 것이다.

중국은 진나라의 시황제가 대륙을 통일하면서 만리장성을 축조해 결국 일정한 영토 내의 닫힌계를 이루었다. 그 후의 역사는 왕조마다 다소의 영토 증감은 있었지만 중국본토는 닫힌계로써 역사의 명맥을 유지하였다.

중국의 역사는 **북쪽 이민족들과의 끊임없는 투쟁**의 역사이다. 진 멸망 이후에 한(漢)나라가 들어섰다. 진나라는 역사가 짧아 통일이라는 것 외에는 큰 역할을 하지 못했으나 이를 이어받은 한나라는 비로소 통일 왕조로서의 국가와 민족의 정체성을 확립시켰다. 즉 중국은 민족으로서는 한족(漢族), 글자는 한자(漢字)라는 중국 본연의 색채를 띠게 되었다.

그러나 그 이후 북쪽 선비족(수나라와 당나라), 거란족(요나라), 여진족(금나라), 몽골족(원나라), 만주족(여진족의 후신, 후금-청나라) 등 수많은 북방 이민족에 의한 침략을 경험했다. 이로 인해 열린계의 가능성이 늘 있어왔고, 그래서 각 왕조의 존속기한이 길지 못하고 약300년 정도로 유지되었던 것이다. 물론 이것은 통일 왕조의 공신들에 의한 권력기간이기도 하다.

이러한 닫힌계의 왕조에 있어서의 역사는 국가의 변천, 즉 왕조에 대한 반란은 자유를 추구함으로써 이루어진 것이 아니라 안정(폭정에 의해 못살겠다고)을 원하면서 발생되었던 것이다. 많은 경우 정권 말기에는 무척 혼란스러웠다.

그로 인해 (북방)이민족 또는 내부에서의 반란이 일어났던 것이다.

그래서 중국을 역사적 관점에서 보면 크게 전기와 후기로 나눌 수 있다. 중국의 전기는 통일국가를 이룬 진나라 이후 진-한-수-당의 나라가 설립되었는데, 이들 국가의 성격을 살펴보면 진나라와 수나라가 비슷하고 한나라와 당나라가 비슷했다. 즉 진과 수는 일종의 과도기적 성격의 역사가 짧은 국가였으나 대신 진나라는 만리장성, 수나라는 대운하라는 중국 역사상 크나큰 공사를 일으킨 국가이다. 이에 한나라와 당나라는 이러한 나라들을 이어받아 찬란한 문화의 꽃을 피우게 된 것이다.

반면에 중국 후기에는 외세의 침입을 많이 받은 시기로 닫힌계라는 한계성이 탈피되는 과정이었다. 송은 몽고족의 원나라에 의해, 명은 만주족인 청에 의해 멸망되었다. 청나라 이후 세계는 국제화가 되면서 중국은 자신의 닫힌계가 스스로 개방되게 되었다.

중 국 전 기: 서안		중 국 후 기: 북경	
진(만리장성)	한	송	원[몽고족]
수(대운하)	당	명	청[만주족]

*중국국가 변천:(하-상-주-)진-한-수-당-송-원-명-청

중국 전기에 있어서의 국가들의 수도는 대개 서안(西安)에 두고 있었으며 후기는 대개 북경에 두고 있다.

그래서 이런 이야기가 있다.

'현재의 중국 모습을 보고 싶으면 상해(上海)로,

500년 전의 모습을 보고 싶으면 북경(北京)으로,

2,000년 전의 모습은 서안(西安)으로 가야 본다.'

중국의 역사는 북방 이민족과의 전쟁의 역사이다. 주나라가 중국 중심에서 나라를 세웠고 그 주변의 여러 국가 특히 진나라의 경우는 오랑캐로 치부했다. 이러한 진나라, 선비족의 당나라, 몽골족의 원나라, 만주족의 청나라를 보면 정말로 투쟁의 역사인 것이다.

그러나 침략한 적국들이 결국은 중국이라는 용광로에 녹아 하나가 된 것은 중국 문화의 우수성을 입증한 것이다.

(3)동양(중국)과 유럽의 비교 검토

중국 초기의 국가인 주나라는 외적(견융)의 침략으로 수도를 동쪽 지방인 낙읍으로 옮긴 후의 시기를 **동주**(東周)시대(BC771년~BC256년 515년간)라고 하며 이 시기가 춘추전국시대(BC770년~BC221년)에 해당한다.

유럽은 로마제국 건국 후 게르만 민족의 침략으로 서로마 제국은 멸망하고 **동로마** 제국이 이후 천년을 유지하였다. 그 기간 그리고 그 이후 유럽은 이른바 (춘추)전국시대를 방불케 하였다.

즉 중국은 춘추전국시대 이후 진나라에 의해 통합되어 커다란 국가로 지속해 왔으나. 유럽은 아직도 여러 나라로 분할되어 전국시대가 진행 중이다.

이것이 **농경**사회와 **유목**사회의 차이점이다.

중국은 춘추전국시대에 이룩한 제자백가, 특히 유가와 법가의 사상이 이후 중국의 중추적 지배이념이 되었다. 유럽은 그리스가 이룩한 합리주의를 계속 계승 발전시켰다. 위대한 발명 기술 영웅 등은 혼란한 시기에 나오게 된다. 중국의 혼란한 시기에 제자백가의 사상이 나왔고 그리스 지역의 난립한 국가 사이에 헬레니즘 문화가 탄생되었다. 인류의 기술적 발전은 많은 전쟁을 겪고 나서 이루어졌다.

항상 자유(혼란)와 안정(정체)은 양면의 칼날 같다.

◆. 약간 어려운 이야기

화학반응에서 A에서 B로 반응이 진행될 수 있는 조건($A{\rightarrow}B$)은 자유에너지G의 차(差)가 음수인, 즉 적은 G(최소에너지-최대혼란)쪽으로 진행된다. $G_B - G_A < 0$

(최소에너지$_B$-최대혼란$_B$)-(최소에너지$_A$-최대혼란$_A$)< 0

이것을 사회 변천의 진행 방향에 적용해 보면

(안정$_B$-자유$_B$)-(안정$_A$-자유$_A$)< 0

$\rightarrow$ (안정$_B$-안정$_A$) < (자유$_B$-자유$_A$)

즉 사회의 진행은 안정의 차이보다 **자유**의 차이가 더 큰 쪽으로 진행되고자 한다(10page 참조).

제2장

지배자의 요건

공부를 하고 역사를 배우는 것은

미래를 programming하는 힘을 기르는 것이다.

아무도 알지 못하는 미래를

미리 설계하는 것은

그만큼의 실패 확률을 줄이는 것이다.

1. 지휘자의 덕목

(1) 각 계통 지휘자의 필요한 덕목
1) 지휘자의 분류

조직을 유지하고 계승 발전해 나가는 데에는 그 조직의 구조가 매우 중요하다. 이러한 조직의 구조에 각 직급 및 계통의 지휘자가 갖추어야 할 덕목은 반드시 각 직급에 맞게 갖추어야 한다. 가장 보편적 분류에서 각각 갖추어야 할 덕목을 나열시켜 보자.

-.최고 책임자(덕장 德將)

최고책임자의 덕목은 용인(用人)이다. 즉 사람을 적재적소에 쓰는 기술이다. 사람이란 원천적으로 장점과 단점을 모두 가지고 있다. 이러한 사람의 다양성에서 그 사람의 장점을 살려 용도에 맞게 활용하는 것이 덕장의 가장 중요한 덕목이다.

예)삼국지의 조조, 유비, 초한전의 유방

-.계획 관리자(지장 智將)

많은 사람을 효과적으로 활용하고 전쟁에서 승리를 계획하는 지략가이다. 즉 현대적 언어로 설계자라고 할 수 있다.

예)초한전의 장량, 한신, 삼국지의 제갈량, 방통, 사마의

-.실무 책임자(용장 勇將)

실질적인 업무 즉 전쟁 등에서 무용이 뛰어난 장수

예)삼국지의 관우, 장비, 여포, 마초

2) 실제 적용 예(삼국지를 중심으로)

-1.관우의 실책: 형주성의 빼앗김

(용장의 지장으로의 잘못된 역할)

이것은 엄밀하게는 관우의 실책이라기보다 유비와 제갈량의 문제, 아니 더 나아가 촉나라의 원천적인 문제이다.

유비가 서천을 정복하고 촉나라를 세우면서 매우 강성해지고 따라서 수하에 용장은 많이 있었다(5호 대장군). 그러나 정작 중요한 지장은 제갈량을 제외하고는 거의 전무한 상황이었다. 그나마 중간에 그 유명한 복룡, 봉추 중에 한 사람인 봉추가 합류하였으나 그는 서천 공략 중에 전사하였다. 그러한 상황에서 전략적으로 매우 중요한 형주성의 수장으로 관우를 보냈다(만약 봉추가 살아 있고 그를 형주성 참모로 보냈다면 아마 삼국의 역사는 또 달라졌을 것이다).

한 성(城)의 책임자로는 당연히 지장을 보냈어야 했으나 지장이 부족한 촉나라에서는 그나마 전쟁 경험이 풍부한 관우를 수장으로 보냈다. 그런데 관우는 용장이다(아마 스스로는 수십 년간 전쟁을 누비었으니 지장이라고 자부할 수도 있었다. 이것은 나중에 유비의 오나라와의 전쟁의 경우에도 마찬가지 실수를 저질렀던 것과 같은 맥락이다). 그리고 형주를 호시탐탐 노리는 오나라의 장수는 여몽이다. 여몽은 지장이다.

여담) 여몽은 다음과 같은 말로 유명하다.

'군자가 사흘을 보지 못하면 얼굴빛이 달라진다.'

일반적으로 넓은 개활지에서 두 군대가 전투를 벌일 경우에는 당연히 뛰어난 용장을 가진 부대가 승리할 확률이 높다. 그러나 공성전(攻城戰) 같은 지략이 필요한 전쟁은 지장의 군대가 승리할 확률이 높다.

이러한 상황에서 관우는 과거 수십 년간의 자신의 전쟁 이력(履歷)과 무용(武勇)을 믿고 자신의 지략대로 군사를 움직였다. 그 결과 형주성을 빼앗기고 자신도 죽음을 당하였다.

사실 형주성은 삼국 전쟁에서 매우 중요한 역할을 하는 성이다. 전쟁이란 싸움을 잘하는 것도 중요하지만 많은 사람이 동원되는 큰일이기 때문에 보급이 매우 중요하다. (그래서 진나라 말기 초나라-항우-와 한나라-유방-의 전쟁에서 유방이 승리한 후 보급책인 소하를 일등공신으로 책정하고 결국 한나라 초대 재상으로 임명하였다.)

이 형주성을 빼앗김으로 인해 추후 촉나라의 북벌정책은 큰 난관에 부딪혔다.

제갈량의 삼국 전쟁에 대한 가장 큰 그림은 '오나라와 화친하고 위나라를 공격한다.'이다. 그런데 관우에 의한 형주성의 빼앗김, 그리고 이어지는 관우와 장비의 죽음, 이에 따르는 유비의 오나라 공략의 실패로 인해 죽음 등에 의해 제갈량의 큰 그림이 무너지고 말았다.

유비가 죽은 후 그의 뒤를 이은 후주(後主)유선의 시절 제갈량을 총책임자로 정하고 위나라 공략을 위해 북벌을 단행하는데 멀리 군대를 보내는 경우 가장 중요한 것의 하나가 식량의 보급이고, 형주성은 지리상 식량 보급이 용이한 지형이었으나 이곳을 오나라에게 빼앗김으로 인해 전략상 매우 불리하게 북벌을 하게 되었던 것이다.

이러한 상황을 잘 파악한 위나라 장수 사마의는 오직 수성(守城)에만 몰두하였고 이것이 전략상 매우 유용하였다. 결국 북벌은 실패하였고 한나라 황실 부흥의 꿈도 날아가 버렸다.

-2.유비의 실책: 오나라와의 전쟁에서 패전

(덕장의 지장으로의 잘못된 역할)

이 경우도 촉나라의 염원인 한나라 황실 부흥의 실패에 대한 큰 빌미를 제공하였다.

관우가 오나라 장수 여몽에게 죽임을 당한 사실에 분노한 유비는 수많은 군사를 이끌고 오나라 정벌에 나선다. 사실 유비는 덕장으로 이러한 원정군의 수장으로는 지장을 보내야 하나 여기서 또 한 번 촉나라의 원천적 약점이 노출된다. 지장이 부족한 촉나라는 위나라 공격에 대비하여 촉나라에는 제갈량을 남겨두고 황제인 유비가 직접 출정을 한다(물론 당사자인 유비의 입장에서는 너무 화가 나서 앞뒤 안 가리고 자신이 직접 복수하기를 원했을 것이지만).

반면에 상대 오나라 장수는 지장인 육손이 대적한다(물론 처음에는 유비 군사가 많은 승리를 하고 오나라 깊숙이 들어갔다. 그래서 육손이 구원투수로 등장한 것이다).

결과는 역시 지장인 육손의 승리로 촉나라 700리 진영이 불에 휩싸여 몰살되고 만다.

이 또한 전쟁에서 지략가의 역할이 얼마나 중요한가를 여실히 보여주고 있다.

-3. 제갈량의 실책: 읍참마속(울며 장수 마속의 목을 베다)

(지장의 덕장으로의 잘못된 역할)

사실 제갈량은 삼국지에서 너무 완벽한 지략가로 기술되었기 때문에 딱히 실책이라고 하는 것이 별로 없다.

그렇지만 위나라 침략을 위한 북벌에서 중요한 전략적 전투의 책임 장수로 마속을 지정하는 실책을 범했다. 마속은 상사인 제갈량의 지시를 무시하고 자신의 지략대로 전투를 하다가 결국 패전하고 말았다.

마속은 제갈량이 매우 아끼는 장수였는데 군법의 엄중함으로 마속의 목을 베었다. 그러면서 매우 슬퍼했는데(물론 아끼는 부하 장수의 목을 베어 슬프기도 하겠지만)

한 부하 장수가 슬퍼하는 이유를 묻자 제갈량이 대답하기를 과거에 먼저 황제였던 유비가 제갈량에게 마속에 대하여 이야기했을 때 조심하라고(부정적으로) 조언을 하였으나 제갈량은 큰 의미를 두지 않고 마속을 중용하다가 대사를 그르친 것에 대해 다시 유비 생각이 나서 슬퍼했다고 한다.

즉 다소의 차이는 있을지언정 역시 각각 사람마다 그 능력과 쓰임새는 다른 것이다.

-4. 조조

조조는 덕장으로써는 가장 이상적 장수에 가깝다. 그는 부하를 적재적소에 가장 유용하게 쓸 줄 아는 덕장이다. 일단 자기 부하 사람이 되면 그 **사람의 단점은 보지 않고 장점을 중점적으로 고찰하여 그 능력에 맞게 보직을 임명**한다. 자신의 아들을 죽인 적장이 잡혀왔을 때에도 맨발도 뛰쳐나가 맞이한 사람이다.

조조는 또한 지장의 면모도 갖추었다. 그러나 태생적으로 덕장이다. 그는 최상위 참모 즉 순욱, 곽가(봉효), 사마의 등보다는 못하고 그 밑의 참모보다는 나았다.

곽가가 살아 있는 동안에는 원소와의 관도대전에서 큰 승리를 하였다. 그러나 곽가가 죽은 후 오나라와의 싸움인 적벽대전에서 제갈량에게 크게 패하였다. 즉 덕장의 능력인 조조가 용장도 되지 못하는 원소와 싸울 경우(관도대전)에는 당연히 승리하였다. 그러나 덕장인 조조가 지장인 제갈량과 싸우는 적벽대전의 경우에는 당연히 패할 수밖에 없다. 이 또한 덕장이 지장의 역할을 하여서 생긴 패착이다.

그래서 적벽대전에서 패배하고 돌아온 후에 '곽봉효만 있었으면 내가 이렇게까지 지지는 않았을 텐데'라고 탄식을 하였다.

검토)여기서 유교의 기본인 '부부자자' 즉 **자기 직분과 능력에 맞는 일을 해야 한다는 것이 중요함을 알려준다.**

(2) **설계자**(지장 智將)의 중요성

어떤 전략, 어떤 전술이 전쟁을 승리로 이끄는가?

개요)설계와 계획

어떠한 일을 도모할 경우 제일 먼저 하여야 할 일은 계획하고 설계하는 일이다. 설계라는 것은 마치 인간의 유전정보(DNA)와 같은 것이다. 인간이 자신의 신체를 유지하는 것은 먹은 음식물이 신체 내 유전정보(DNA)에 따라 재구성되기 때문이다.

전쟁에 있어서도 마찬가지이다. 많은 재원(source)을 어떻게 재구성하고 활용하여 설계하는 것이 전쟁을 승리로 이끄는 방법인 것이다.

설계기법(OST)에는 3가지 절차가 있다.

-1.목표(Object): 취하여야 할 목표를 확실히 정한다.

-2.전략(Strategy): 목표에 부합되는 방법을 선정한다.

-3.전술(Tactics): 방법에 따른 세부계획을 만든다.

1) 삼국지 적벽대전의 예

-1.목표(Object)

*.조조에 있어서는 강동의 손권을 공격해 굴복시켜 전국 통일의 기반을 더욱 다지는 것이다.

*.손권은 조조에 항복하지 않고 자신의 강동 지역을 지키는 것이다.

*.유비 특히 제갈량의 목표는 형주성을 탈취하는 것이다.

-.여기서 제갈량의 목표가 가장 구체적이다. 이렇게 목표는 상황에 따라 다르지만 각 경우에 맞추어 크고 뚜렷하게 설정할 필요도 있고 또한 보다 상세히 구체적으로 설정하는 것이 하부 계획을 세우는 데 편리한 경우도 있다.

-2.전략(Strategy): 화공(火攻)

*.제갈량이 조조와의 전쟁인 적벽대전에 대한 대책을 논의하기 위해 손권의 진영을 찾아가서 주유를 만났다. 두 사람은 각자의 생각을 손에 적어 서로 보였는데 두 사람이 공히 **화공**(火攻)을 의미하는 불'화 火'를 서로 보여주었다. 즉 연합군(유비와 손권)의 전술은 확실하게 결정되었다.

*.반면에 조조의 진영에서는 확실한 전술이 없었고 단지 수군(水軍)이 약한 관계로 해상 전투에 경험이 풍부한 형주의 두 장수를 이용해 수전 훈련을 할 따름이었다. 그러나 두 수군 장수도 오나라 주유의 반간계에 속아 죽여 버렸다.

-3. 전술(Tactics): 연환계/동남풍/고육계

화공을 위한 가장 중요한 선결조건이 상대방의 배를 묶어 놓는 것이다. 그 다음은 적군의 배에 가능한 근접하게 접근하여 불을 지르는 일이다. 마지막으로 바람이 적군 함선의 방향으로 불어주면 화공은 완결되는 것이다.

*.연환계

모든 전함들을 서로 연결시켜 마치 육지와 같은 환경을 조성함으로써 해전에 약한 병사들의 약점을 보완하는 방법이다. 형주성을 탈취하며 얻은 두 해전 장수가 반간계로 인해 죽은 상황에서 해전에서의 전술이 매우 필요한 조조의 입장에서 연환계는 화공에는 취약하지만 겨울에는 통상적으로 북서풍이 분다는 것을 알고 있는 그에게 있어서 화공에 가장 중요한 요소의 하나인 바람의 방향이 자신의 편이라 생각하고 연환계를 매우 좋은 책략으로 생각하여 실행한다.

*.고육계

화공(火攻)전술에서의 화룡점정(畵龍點睛 마지막 중요한 눈 그리기)은 발화점 생성이다. 발화점이 없으면 불을 지필 수가 없다. 이를 위해서는 조조의 함선에 근접해야 한다. 근접하지 못한 상태에서는 조조 군사로부터 화살 등의 공격을 받으면 화공 자체가 큰 의미가 없기 때문이다.

이를 위해 손권의 장수 주유는 고육계(苦肉計)를 생각해냈다. 그의 부하 장수를 명령 불복종으로 심한 매질을 하였고 그 부하 장수는 이를 빌미로 조조에게 투항 의사를 전달했다. 이를 기쁘게 받아들인 조조는 전쟁 당일 귀순한다는 그 장수의 말을 믿고 자신의 함선에까지의 접근을 허용하는 바람에 불화살을 받게 되고 이로써 화공에서 가장 중요한 불의 발화점이 생기게 된 것이다.

*.동남풍

지장은 천문(비, 바람 등의 날씨)과 지리(땅의 험준한 상태, 지형 등)와 인문(상대방 장수와 우리 장수의 특징/성격/능력 등)에 능통해야 한다.

이미 이러한 것에 뛰어난 재능을 가진 제갈량은 겨울에도 잠깐 동남풍이 부는 시기가 있다는 것을 알고 있는 상태이므로(여기서 겨울에는 단순히 북서풍이 분다고만 알고 있는 조조와 비교된다) 고육계로 꾸며놓은 거짓 투항 장수의 투항 시점을 동남풍이 부는 날짜에 맞추어서 투항하라고 지시하였다.

결국 거짓 투항으로 인한 불씨 제공과 동남풍으로 유비와 손권의 연합군은 대승하였고 조조 군사는 대패하고 말았다.

-4.결론

여기까지는 손권과 그의 장수 주유의 목표를 이루었다. 그러나 정작 중요한 형주성은 유비의 제갈량에게 빼앗기고 말았다.

이것은 **OST를 설계 시 목표 설정**이 얼마나 중요한가를 보여주는 단적인 예가 된다. 목표는 간단 명확해야 한다.

2) 제갈량의 천하 3분(三分)지략

-1.목표(Object): 촉나라 세워 한나라 중흥

*.위나라에게 빼앗긴 한나라를 다시 중흥하기. 마치 한나라 중기에 역적 왕망에 의해 멸망할 뻔했으나 광무제에 의해 다시 일으킨 것처럼(그래서 한나라는 전한시대와 후한시대로 나뉜다) 한나라 정통성을 다시 이어가기.

-2.전략(Strategy): **오나라와 화친**하고 **위나라를 공격**한다.

*.오나라는 큰 적수가 되지 못한다. 그러니 위나라라는 큰 적수를 격파시키기 위해서는 뒤를 안심시켜 놓아야

한다.

-3. 전술(Tactics)

   *1.오나라의 주유가 세운 계책인 유비와의 혼담을 적극 받아들인다.

   *2.오나라와 평화 협정을 맺는다.

   *3.형주를 튼튼한 배경으로 만든다(그러나 이것은 관우에 의해 실패)

-4. 결론

   촉(한)나라를 세우기는 하였으나 형주성을 오나라에게 빼앗기고 관우의 죽음으로 인한 기본 전략이 무너지고 이로 인해 결국 제2대 황제인 유선에서 위나라에게 멸망하고 만다.

3) 사마의(삼국지 위나라 지장)의 제갈량과의 전투

-1. 목표(Object) : 촉나라가 스스로 멸망

   *.사마의는 스스로 제갈량과 정면 승부하면 이길 수 없다는 것을 잘 안다. 그래서 촉나라의 유일한 지장인 제갈량 스스로 무너지는 것이 제일 목표이다.

-2. 전략(Strategy) : 철저한 방어 전략

   *.공성전(攻城戰)에는 공격하는 군사의 수가 최소 3배 이상이어야 할 정도로 성(城)을 공략하는 것이 어렵다. 따라서 수성(守城) 만이 최선의 방법이다.

-3. 전술(Tactics)

*1. 철저한 수성(守城) 전략

*2. 적군의 유인책에 넘어가지 말 것: 성 앞에서 야유, 여인 복장을 보내오며 모욕을 주어도 참아내기

여담-제갈량의 공성계) 용의주도한 사람은 의심이 많은 법, 이러한 전략 때문에 사마의는 빈 성(空城)에서 유유한 모습을 보이는 제갈량(의 계략)에 대한 공격을 포기하는 우(愚)를 범함

여담) 싸우지 않고 성을 굳건히 지키는 사마의의 전술에 대하여 아마도 촉의 장수 위연이 제갈량에게 제안한 성을 우회하여 직접 위나라를 치자는 전략이 유효할 수도 있었다.

그러나 제갈량 역시 지혜로우나 의심이 많아 완벽한 정책이 아니면 시행을 하지 않는 타입이니…….

역시 전쟁에서 승리한다는 것은 힘든 일이다.

4) 임진왜란에서의 이순신 장군의 설계

-1. 목표(Object): 왜군의 보급로 차단

*. 조선을 침략한 왜군은 임진왜란 초기에 왜의 육군 진격이 워낙 빨라서 한양 공격에 대해 보다 쉽게 하기 위하여 왜의 해군이 남해를 돌아 서해로 올라가서 물자와 병력의 보급을 하여 한양을 치는 전략을 세웠다. 이를 무력화하기 위해 그들의 해상보급로를 차단한다.

-2.전략(Strategy): 보급선의 격파

 *.기존의 바다에서의 전투는 육지 전투에서의 연장이었
   다. 그것은 대형 선박에 군사들을 싣고 적의 함대에
   가까이 가서 갈고리 등으로 적의 배를 끌어당긴 후 건
   너가서 보병처럼 싸우는 것이었다.

 *.따라서 육지의 구실을 하는 선박 자체를 궤멸시킴으로
   써 병력 열세를 만회한다.

-3.전술(Tactics)

 *1.대포 사용으로 적의 함대를 박살 냄

 *2.거북선의 활용으로 적군이 건너와도 육지처럼 싸울
   환경 조성을 없앰(선박 상부를 철갑으로 두르고 뾰족
   한 창을 곳곳에 설치함)

 *3.전투할 곳이 조선 영토이므로 그곳 지리에 익숙한 사
   람을 통해 지형지물, 해수 흐름의 이용 등을 통한 적
   의 함대 격파

 *4.학익진을 구사하여 대포로 집중포화 함으로써 적의
   군함 파괴

-4.결론

   보급선의 파괴로 왜군의 전략상 큰 손실을 가져와 임
   진왜란의 판세를 바꾸는 데 큰 기여를 함

5) 재테크(財tech) 관련 주식 거래의 설계(예)

-1.목표(Object): 은행이자보다 높은 수익률

*.주식은 위험한 것이다. 그래서 목표를 높게 잡으면 안 된다. 많은 사람이 남에게 속아서 단돈 만원을 잃어도 무척 화를 내면서 주식으로 몇십 또는 몇백 만원을 잃은 것에 대해서는 (물론 속으로는 무척 쓰리겠지만) 생각보다 덜 힘들어한다.

이것은 이미 뇌리 속에 주식은 크게 버는 것이므로 크게 잃는(?) 것은 논리적으로 타당하다는 인식이 깔려 있기 때문이다.

-2.전략(Strategy): **손해를 보지 말자.**

*.힘들게 주식을 하면서 전략이 손해 보지 말자는 것을 잡는 것이 약간은 이상하지만…….

*.주식 거래에서 가장 안 좋은 경우가 잃지도 따지도 못하고 본전 하는 것이고, 희망사항은 손해 보지 않는 것이다.

본전 할 바에는 시간 들이고, 돈 들이고, 힘 들여서 굳이 주식할 필요가 없다. 반면에 손해를 보지 않는다는 뜻은 손해 보지 않고 본전도 하지 않으면 결국 일부는 이익을 볼 것이고 그 이익이 통상 은행 금리보다는 높다는 것이다.

유명한 투자가 워렌 버핏의 투자규칙 1번이

'손해 보지 마라'는 것이다.

2번, 3번 규칙도 역시 '손해 보지 마라'는 것이다.

여담) 프로골퍼가 가장 싫어하는 것이 all par(본전),

선호하는 게임이 no bogey(이득 가능)이다.

주식에서 제일 안 좋은 것이 본전 하는 것이고

(돈 낭비 시간 낭비하며 주식할 필요가 없음)

현명한 매매는 손해를 보지 않는 것이다.

(손해 보지 않으면 따는 일만 남는다.)

-3. 전술(tactics)

*1. 여유자금(잃어도 큰 지장이 없는 돈)으로 주식할 것.
따라서 필요시는 장기 보유할 수 있게 함

*2. 대형주(향후 10년 내 망하지 않을 회사) 위주로 투자
하라. 주식이란 자본주의 속성상 오르는 방향으로 움
직인다. 그러므로 결코 망하지 않는 회사의 경우에는
떨어지는 경우가 생겨도 긴 시간으로 보면 결국 오르
게 되어 있다. 반면에 '높은 수익은 높은 위험에서 온
다.'는 말만 믿고 상장 폐지될 위험도가 있는 회사 주
식을 샀다가는 되돌릴 수 없는 경우(상장 폐지)가 발
생된다. 여기서 주식 투자 자금은 반드시 여유자금이
어야 한다는 중요성이 재 강조된다.

*3. 자신이 잘 모르는 기업에 투자하지 마라.

*4. 손실은 짧게, 이익은 길게 가져가라.

주식 매수는 고수나 하수나 비슷하다. 그런데 그 둘
의 차이는 고수는 손실이 나면 재빨리 손절매하고 이

익이 나는 경우 길게 가져간다.

반면에 하수는 손실이 났을 때 본전이 아까워 손을 쓰지 못한다. 그러면 금전의 손실도 되지만 주식이 하락 시 구매할 수 있는 시기를 놓친다. 즉 기회 손실을 가져온다.

주가가 1만원의 주식이 5천원이 되면 50%의 손실을 가져오지만 5천원이 다시 본전인 1만원으로 오르려면 100%의 이익을 가져야 한다. 두 배의 차이가 있다. 이렇게 **주식은 어려운 것**이다.

(3) 더 중요한 것은 **덕장**(德將)

한 조직에 있어서 최종 흥망성쇠는 그 집단을 이끄는 수장(首長)인 덕장에게 달렸다,

중국 춘추전국시대의 변법에서 보아왔듯이 지장이 아무리 뛰어나도 결과를 가져오는 가장 중요한 요인은 덕장이다. 지장과 용장은 일종의 도구(Tools)이다. 이 도구를 얼마나 잘 사용하느냐는 전적으로 덕장에게 달려 있다.

1) 선구안(選球眼)의 필요성

-. 조조

위나라가 삼국 중에서 가장 강성한 이유는 바로 조조의 용인술(用人術)이다. 그는 약간의 지장 면모를 보이

지만 전형적인 덕장이다. 자기에게 해를 끼친 사람도 자신이 필요하면 발 벗고 나서서 쓰고 그것도 적재적소에 잘 활용하였다.

즉 사람의 단점을 보지 않고 장점만을 보고 그 장점을 활용할 줄 아는 능력을 가졌다.

-. 유비

유비도 대표적인 덕장에 속한다. 초기에 그를 보좌해 줄 참모가 부족하여 제갈량을 삼고초려 하였을 때 관우와 장비는 불만을 터트렸다. 그들은 용장이기 때문에 사람 보는 눈이 없기 때문이다. 그러나 유비는 끝까지 제갈량을 찾아가 그의 마음을 얻어 드디어 천하3분의 기틀을 세운 것이었다.

제갈량은 지장이다. 제갈량이 위나라와의 북벌전쟁에서 자신이 아끼던 장수인 마속을 기용하였다가 마속이 군령을 어기고 싸우다 패하여 결국 군법으로 사형에 처하면서, 마속을 평하여 중용하지 말라는 선제 유비의 생각이 나서 눈물을 흘렸다.

2) 후계 구도의 중요성

-. 개요

군주는 덕장 즉 사람을 볼 줄 알고 적재적소에 쓸 줄 아는 눈을 가져야 한다. 여기에 더불어 진정한 제국의 창업과 유지를 위해서 꼭 필요한 것이 바로 후계 구도의 확립이다. 잘못된 후계 구도로 인해 나라까지 위험에 빠진 경우가 많이 있다.

중국 춘추전국시대 수많은 나라들이 전국을 통일하기 위해 여러 가지 변법을 시행하였으나 거의 당대의 유능한 군주에 의해서만 시행되었고 그 후대에서는 변법이 폐하여졌다. 이러한 변법을 주도하고 시행하였던 법가의 지장들은 거의 전부 반대파에 의해 비참한 죽음을 당하였다. 그러나 오직 진나라만이 (비록 중간에 똑같은 경우 반복이 있었지만)계속 개혁을 유지한 결과 결국 전국을 통일하게 되었다.

-1.춘추시대 제환공

주(周)나라가 수도를 동쪽으로 옮긴 후 전국은 춘추시대로 접어들었는데 그 당시 가장 강력한 제후들이 바로 춘추5패(春秋五霸)이다.

이러한 춘추시대 제일 먼저 패자(霸者)가 된 제환공이 당시 제나라 재상인 관자가 죽기 직전에 재상의 후임에 누가 적당한가를 묻자 관자는 자신을 도와준 포숙아가 아닌 다른 사람을 추천하였다. 이에 제환공이 의아하여 그 이유를 묻자

'포숙아는 군자입니다. 군자는 정치를 하지 못합니다. 악한 사람이 있으면 먼저 징벌하려 합니다. 사람이란 누구나 장단점이 있고 악한 사람도 그 장점을 이

용하는 것이 정치입니다.'

여담)여기에 중국 유가와 법가의 가장 큰 차이를 엿볼
수 있다(**악한** 사람의 **능력도 이용**할 줄 아는).

관자의 충고에 대하여 제환공은 처음에는 인정하였지
만 나중에 다른 욕심이 있어서 관자가 추천한 사람을 후
임자로 삼지 않고 다른 사람을 선택했다.

이러한 잘못된 결정으로 인해 제나라는 정권 경쟁에
휩싸이게 되었고 결국 제환공은 죽어서도 땅에 바로 묻
히지 못하고 수십 일간 시체가 썩는 수모를 당하게 되었
다. 결국 제나라는 급격히 쇠약해졌다.

생전에 선구안이 있어 재상을 잘 선임한 제환공(사실
관자는 제환공이 군주가 되기 직전에는 적의 편이었고
제환공 자신을 죽이려고까지 했으나 제환공이 군주가 된
후 포숙아의 설득으로 재상의 지위에까지 오르게 한 아
량 있는 명군이었다)이었으나 관자 후임에 대한 실책으
로 스스로 패망의 길을 걸었다.

-2. 당태종과 측천무후

중국 사람들이 역대 제왕 중에서 가장 존경하는 황제
중 선두가 당나라 태종이다. 그의 치세를 정관의 치(貞
觀之治)라고 하여 중국 역사상 얼마 안 되는 태평성대를
이루었다. 그는 내치로는 훌륭한 간신(諫臣 황제의 잘못
됨을 간하는 신하) 위징의 조언을 겸허히 받아들이고 시

행하였다.

　여담)그래서 위징이 죽자 당태종은 자신의 (잘못을 비
　　　　쳐주는)거울이 깨졌다고 매우 슬퍼했다.

　그러나 그는 후계자 구도에 큰 실책을 하고 말았다.
아들 간의 황제자리 다툼으로 여러 번 곤욕을 치르고 나
서는 강건하고 결단력 있는 그도 아들 문제에는 두 손
두 발 다 들었다.

　결국의 9황자인 이치에게 황위를 물려주었고 그가 곧
당 고종이다. 그런데 그는 아버지 태종의 후궁이었던 무
후를 자신의 황후로 삼았다가 결국은 무후에게 나라를
빼앗기고 말았다. 새롭게 권력의 정점에 오른 측천무후
는 당나라 대신 주나라를 세웠다(그러나 현명한 신하들
의 대처 덕분에 다시 이씨-李氏-가 황통을 이어받아 당
나라 명맥을 유지할 수 있게 되었다).

　참으로 후계구도가 얼마나 중요한가를 보여주는 대목
이다.

　여담)측천무후는 악명이 매우 높다. 그녀는 권력을 위
　　　　해 친가족 심지어 자신의 자식도 무참히 살해하
　　　　였다. 그런데 수많은 숙청을 하여서 결국에는 주
　　　　나라를 세우고 67세에 여황제가 되어 약 15년간
　　　　중국을 통치하였는데 아이러니하게도 그녀는 나
　　　　라를 잘 다스렸다. 그래서 일부 학자들은 그 당

시 태평성대를 무주의 치(武周之治)라고 명명하
였다.

특히 측천무후는 과거제도를 시행하여 여러 재
야의 인재들을 고루 등용시켰고 이러한 인재들이
후일 당 현종 시절 많은 활약을 하여 태평성대인
개원의 치(開元之治)를 이루게 하였다.

-3. 앙리4세, 루이13세 그리고 루이14세

루이13세는 아버지 앙리4세와 아들 루이14세의 가교
역할로 프랑스의 절대왕조의 상징인 루이14세의 치세에
대한 기초를 다졌다.

-4. 필리포스2세 대왕과 알렉산더 대왕

알렉산더의 아버지 필리포스2세는 '팔랑크스'라는 장
창(長槍)을 창시한 사람으로 이것을 이용해 알렉산더 대
왕은 많은 전쟁에서 승리하였다.

-5. 태종 이방원과 세종대왕

조선의 태종 이방원은 여러모로 당태종과 비슷하다.
두 사람 모두 개국 황제의 아들로서 아버지를 도와 나라
를 세웠고 황제가 되기 위하여 형제의 난을 일으켰다.

그러나 이방원은 후계구도에 성공한 군주이다. 그는
충녕대군(세종대왕의 왕자 때 호칭)이 셋째 왕자임에도
불구하고 그의 영민함을 알아차리고 첫째와 둘째를 제치
고 그를 후계 자리에 앉혔다.

또한 향후 방해가 되는 외척들을 미리 정리하였다. 그로 인해 조선시대 최고의 명군인 세종대왕이 탄생하게 된 것이다.

장자 상속의 원칙을 깨고, 주변 외척을 정리하여 세종대왕이 마음껏 능력을 발휘하여 조선 최전성기를 이루게 한 태종은 국가의 수장으로서 그 임무를 훌륭히 수행했다고 할 수 있다.

여담) 과거 우리나라 경제를 이끈 두 기업이 있었다. 그 중 한 기업은 후계구도를 잘하여 기업의 영속성이 유지되었고 다른 기업은 잘 못하여 분해되었다.

2. 개혁성: 세계를 지배하는 주요 요소-1

생물체에게 있어서 가장 단순한 자손 번식은 아메바 같은 원생생물의 자기복제에 의한 번식이다. 이것은 자손의 번식 이외에는 아무런 변화를 주지 못한다. 단지 수량만 늘리는 것이다. 그러나 인간과 같은 성 염색체에 의한 유성생식은 새로운 것과의 결합이다. 이러한 변화성(개혁성)이 인간이 지구를 지배하는 데 결정적인 역할을 한 요소이다.

이러한 변화를 추구하여 성공한 대표적인 사례들을 아래 열거하였다.

(1) 고대 해전의 변화

1.살라미스 해전: 고대 그리스와 페르시아의 해전

그리스와 페르시아가 살라미스 해협에서 치른 해전은 그리스에게는 존망이 좌우되는 아주 중요한 해전이었다. 해전의 중요성은 그 전투 자체보다 해양을 통한 육상 전투로의 인력과 보급 관련된 물자 수송이 해상전투의 중요한 목표이기 때문이다.

동쪽의 거대한 제국 페르시아는 그리스를 침공하면서 육로와 해로 양동 작전을 구사하였다. 따라서 그리스로서는 해군을 격파시켜야 육군에서도 유리한 고지를 점령할 수 있었다. 그러나 약 두 배의 수적 열세로 이기기가 매우 어려운 전투였다.

그 당시의 해전은 일종의 육지전의 연장이었다(이것은 동양이나 서양 모두 고대 해전의 대표적 양상이다). 단순히 서로 상대 함선에 접근하여 갈고리를 사용해 상대편의 배를 끌어당긴 후 병사들이 적의 함선으로 건너가 육탄전을 벌이는 전략이었기 때문에 마치 육지에서 넓은 평원에서 싸우는 것처럼 전선(戰船)과 병사의 수가 우위인 쪽이 매우 유리한 전투였다.

그러나 그리스 군은 기존의 해전 방식을 바꾸어 버렸다. 첫째는 지형지물을 이용하였다. 살라미스 해협은 매우 좁은 해협이었다. 그쪽으로 적의 함대를 유인하였다. 그래서 적의 함선이 통제기능을 상실하게 함으로써 아군의 공격이 용이하게 하였다.

두 번째 전략은 배의 선단부위에 무겁고 뾰족한 장치를 장착하여 빠르게 돌진하여 적의 배를 들이박아 침몰시키는 것이다(이 두 전투 방식은 임진왜란 때 조선의 영웅 이순신 장군이 행한 전술을 생각나게 한다).

이러한 변화된(개혁성) 전략에 의해 그리스는 페르시아의 해군을 전멸시켰고 결과적으로 페르시아의 전쟁에서 승리하여 나라를 지킬 수 있었다.

2.칼레 해전: 스페인 무적함대와 영국과의 해전

여담) 유럽의 전쟁 역사를 보면 여러 경우가 대륙에서

의 전투 이후 영국과의 전투가 변곡점이 되었다. 유럽대륙을 석권한 로마제국도 영국을 공략했으나 전체를 점령하지는 못했다(다만 히드리아누스 성벽을 경계로 영국 일부를 점령 통치하였다). 유럽 전역을 정복한 나폴레옹도 영국을 상대로 싸운 해전에서 대패한 후 결국 패망하고 말았다. 제2차 세계대전을 일으킨 히틀러도 역시 영국 점령은 하지 못했다.

중세시대 유럽에서 스페인 함대는 별칭이 무적함대라고 불렸던 당시 최고의 함대였다. 물론 살라미스 해전 이후 해양의 지형지물 등을 이용한 해전은 활용되었지만 커다란 해양에서의 해전은 역시 육지전의 연장이었다.

그러나 영국은 그 당시 병사 수송 역할이 주 임무인 대형 해전 선단의 개념을 깨고(개혁성) 빠르고 날쌘 경량의 선박을 제조하였고 이러한 돌격형의 선박을 이용한 공격이 유효하여 결국 스페인이 자랑하는 무적함대를 무너뜨렸다.

*개혁성1: 당시 통상적으로 사용하는 대포는 청동대포였다. 청동대포는 발사 시에 청동 특성상 높은 압력에 견딜 수 있어 쉽게 파괴되지 않는다. 그러나 비싸다는 단점을 가지고 있고 따라서 많이 생산할 수 없었다. 그래서 영국왕 헨리8세는 기술자를 동원해

값싸면서 잘 파괴되지 않는 주철대포를 개발하였다. 이로써 다량의 대포를 함선에 장착할 수 있게 되었다.

*개혁성2: 영국주변 해양을 누비는 해적으로 유명한 드레이크와 그의 사촌 형인 존 호킨스는 기존의 범선 즉 바람 또는 노를 젓는 방식의 함선을 개량하여 보다 빠르고 대포도 더 많이 장착할 수 있는 함선(갈레온)을 개발하였다.

　　이 두 형제는 비록 해적이지만 엘리자베스 여왕은 스페인과의 해상전투에 파격적으로 정규군으로 참전시켜 큰 성공을 거두었다.

-.영국의 헨리8세가 주철대포를 개발하는 와중에 스페인의 펠리페2세도 주철대포를 만들 생각을 하였다. 그러나 실행에 이르지 못했다.

-.위와 같이 새로운 기술로 완비된 영국의 군함과 기존 전술방식에 익숙한 스페인의 무적함대와의 전투에서 당연히 영국이 승리하였고, 따라서 해가 지지 않는 대영제국의 시발점을 만들게 되었다.

(2) 동로마 제국(비잔틴 제국)의 멸망

　　동로마 제국의 수도 콘스탄티노플은 천연의 요새이다. 성벽(테오도시우스 성벽)이 3중으로 둘러싸여 있고 그 앞에 인

공운하가 설치되어 있다. 이러한 난공불락의 요새로 동로마 제국은 천년왕국을 유지할 수 있었다.

그래서 동양의 강적 오스만 제국에 대해서도 조공을 바치는 것만으로 서로 협정을 맺고 평화를 유지하는 상황이었다. 그러나 오스만 제국의 술탄인 메흐메트2세는 전쟁 시작 53일 만에 동로마 제국을 멸망시켰다.

*개혁성: 그 당시 공성전은 역시 대포였다. 그러나 비잔틴 제국의 성벽은 워낙 견고하여 웬만한 대포에도 끄떡없었다. 그때 오르반(헝가리어로 우르반)이라는 무기 제조 기술자가 대형대포를 발명해 메흐메트2세에게 소개하였다. 이 대형대포가 쏘아대는 폭음소리와 성벽을 에워싼 고립전술에 결국 비잔틴 제국은 패망하게 되었다.

-.대형대포를 제작한 오르반은 처음에는 동로마 제국 황제를 찾아갔다. 그러나 황제가 보는 대포는 무겁고 별로 유용하게 보이지 않아서 무시해버렸다. 그래서 그는 다시 메흐메트2세를 찾아갔고 그 유용성을 실감한 그는 바로 채용하였다.

결국 어떠한 경우이든 두 경쟁자에게 기회는 주어진다. 다만 그 유용성을 감지하는 혜안(慧眼)이 다를 따름이다.

(3) 알렉산더 대왕

알렉산더 대왕이 거대한 동양의 제국 페르시아를 무찌르고 동방원정에 큰 업적을 남긴 이유 중의 하나가 '팔랑크스'라는 6m가 넘는 창 부대를 활용한 것이다. 이 긴 창 앞에 적군은 여지없이 무너졌다.

여담)사실 '팔랑크스'를 처음 창시한 사람은 알렉산더 대왕의 아버지 필리포스2세였다. 아버지는 아들의 세계정복을 위한 기틀을 마련해 주었다. 그러나 세계적 정복자인 알렉산더 대왕은 정작 후계구도에 실패를 하였다. 그래서 이 왕국은 곧 분열되고 말았다. 창업도 중요하지만 유지가 얼마나 중요한지를 보여주는 대목이다.

(4) 몽골의 세계 정복

몽고군의 장점은 상당히 많다. 그래서 커다란 제국을 이룩한 것이다. 몽고제국은 흔히 말 위에서 세상을 정복한 군대라고 한다. 말의 가장 큰 장점은 기동성이다. 그런데 말 위에서 보병과 싸울 경우 기동성과 신속성을 겸비한 적당한 무기가 없다. 그래서 그들은 약간 휘어진 칼을 만들어 그 칼로 보병들을 무찌른 것이다.

여담)무기에는 창(槍), 검(劍), 도(刀) 그리고 장창(長槍)과 채찍(鞭) 등이 있다. 포청을 지키는 포졸들이 대문 앞에서 들고 있는 무기는 창이다. 그 이유는 일차적으로의 답변은 칼보다 손쉽게 값싸게 제작되기 때문이다.

그러나 보다 중요한 이유는 무기 사용 방법에 있다. 무기 사용 방법은 찌르기, 베기, 자르기, 휘두르기 등의 종류가 있다. 그런데 이 중 가장 숙달하기 쉬운 기술이 '찌르기'이다. 갑옷을 입은 적군을 칼로 베어 죽이기는 쉽지 않다. 칼로 물건을 베려고 하면 오랜 기간 숙달된 특별한 기술이 필요하게 된다. 그러나 창의 경우는 약간의 힘만 가지고 찌르면 갑옷 입은 적군도 쉽게 죽일 수 있기 때문이다. 그래서 별로 숙달되지 않은 병사들은 창을 사용하게끔 하는 것이다.

그러나 강점이 있는 대신 이 역시 단점을 가지고 있는데 창은 한 사람을 살상하기는 쉽지만 여러 사람과 대적하는 경우 또는 근접전에서는 쉽지 않은 무기이다. 적을 찌른 후 빼는 것이 쉽지 않기 때문이다. 이런 근접전의 경우에는 칼을 쓰는 것이 훨씬 효과적이다. 한 사람을 베어 죽이고 즉시 다른 사람을 대적할 수 있기 때문이다.

칼이란 검(劍)과 도(刀) 두 종류가 있는데 검(劍)은 검신(劍身) 양쪽에 날이 있는 것이고 도(刀)는 한쪽에만 날이 있는 것이다.

검(劍)은 창(槍)과 도(刀)의 중간의 용도로 찌르기와 베기를 겸용할 수 있다. 신체를 잘 아는 경우에는 각 요혈을 찾아서 찌르기를 하면 적에게 치명상을 입힐 수 있다. 그리고 도(刀)는 어떤 면에선 검보다 더 인정(人情)적인 특징을 가지고 있다고 할 수 있다. 도(刀)는 칼등으로 치면 죽이는 것은 피할 수 있기 때문이다.

즉 검의 경우는 창과 도(刀) 양쪽 용도가 가능하지만 도(刀)는 베기에 더 적합한 무기이다. 베기의 기술이 어느 경지에 오르면 웬만한 동물들은 단칼에 베어 죽일 수 있으므로 상당히 무서운 무기라 할 수 있다.

(5) 왜? 지금 서양이 세계를 지배하는가?
 1.서양문명의 우수성: 알파벳의 우수성

서양문명이 동양을 넘어 세계를 지배할 수 있는 가장 중요한 요건은 그들의 언어표기 즉 문자에 있다. 언어 즉 말이란 태성적인 것이다. 인간이 진화하면서 그 과정 중에 자연히 또 꼭 필요한 도구이다. 그래서 말 자체에 대해서는 어느 나라의 말이 우수하냐는 것은 큰 차이가 없다.

물론 말 자체에 대한 연구를 하다보면 차이점이 보일 수도 있으나 보다 중요한 것은 말에 대한 표기 즉 글이다. 같은 형태의 사물에 대해 각종 인종들은 고유한 말로 표현할 수 있으나 그에 대한 표기는 뚜렷이 구별되어진다.

현대는 정보화 시대이다.

정보의 중요성은 신속 간단 정확성에 있다.

고대 몽골이 세계를 지배한 가장 큰 이유 중에 하나가 기마를 이용한 역참제도로 각 지역의 정보를 최대한 신속하고 정확하게 전달함으로써 지휘관이 의사결정을 빨리 내릴 수 있었다는 데 있다.

현대는 정보화 시대이며 대용량의 정보를 인터넷으로 공유한다. 이러한 시대에 있어서 가장 큰 문명의 이기는 컴퓨터이다.

그런데 서양의 알파벳은 컴퓨터 사용에 아주 유리한 구조로 되어 있다. 한자는 상당히 불편하다. 반면에 한글은 다행히 세종대왕께서 창제하신 한글 덕분에 비교적 쉬운 입력 조건을 가지고 있다.

알파벳이 수많은 세월과 수많은 사람의 손을 거쳐 이루어진 것에 비해 한글은 거의 한 사람 즉 세종대왕(과 그의 학자들)에 의해 만들어졌다는 것 그리고 그 과학성이 어느 문자보다 우수하다는 것은 참으로 놀라운 일이다.

물론 컴퓨터가 서양에서 발명되었기 때문에 기능적으로 알파벳에 적합하도록 구조화 되었겠으나 어찌하였든 간에 그런 문명의 이기를 다루는 문자에는 개개의 음절을 표현하는 알파벳이 유용하다.

2. 수학과 과학의 발달

서양문명의 기초는 수학의 발달에 있다.

알파벳은 숫자를 다루는 일반 대수학을 문자를 이용해 추상대수학 해석학 더 나아가서 위상수학 등 수학을 다양하게 발전시킬 수 있는 무기(Tool)를 제공하는 데 아주 적합하였다. 인간이 동물과 다른 점 중에 하나는 바로 도구(Tool)의 사용에 있다. 알파벳은 디지털 시대에 있어서 가장 중요한 도구(Tool)가 된다.

고대와 중세에 있어서 수학적 지식은 동양도 상당히 많이 발전하였다(우리에게 잘 알려진 피타고라스의 정리도 동양에서 역시 발견된 법칙이다). 그런데 그 당시의 수학에 대한 표현은 동서양 공히 거의 서술 형식이었다.

그러나 프랑스의 수학자 '프랑수와 비에트(Francois Viete)'는 아래와 같은 방식을 통해 기존 수학을 대수학의 개념으로 한차례 끌어올렸다.

1. 알고 있는 수(기지의 수)를 자음으로

모르는 수(미지의 수)를 모음으로 표현하였다.

2. 이전에는 현재 사용되는 x에 대한 표현으로 R, x^2에 대하여는 Z, x^3에 대하여는 K로 표현하였으나 비에트는 x에 대한 표현으로 A, x^2에 대하여는 A quadratus, x^3에

대하여는 A cubus로 표현하였다.

이전: $x \rightarrow R$, $x^2 \rightarrow Z$, $x^3 \rightarrow K$

비에트: $x \rightarrow A$, $x^2 \rightarrow A\ quadratus$, $x^3 \rightarrow A\ cubus$

이와 같은 표기가 중요한 이유는 기존의 기하학 중심의 수학이 미지수를 확연히 구분하여 방정식을 정립시켜서 미지수를 찾아내는 새로운 대수학으로 변환 발전했다는 것이다. 특히 자승, 삼승 등의 새로운 표현으로 인수분해, n차 방정식에 대한 개념이 아주 명확해졌다. 이러한 표기법은 서양의 알파벳이 매우 적절한 문자이다.

참조)그러나 사상(思想)에 관련된 여러 표현을 하는 데 있어서는 한자와 한글이 유용하다. 이것이 동양이 철학적 사유가 발달한 이유이다.

3. 역사의 아이러니

수학은 처음에 이집트에서 기하학으로 출발하였다. 이집트는 매년 나일 강의 범람으로 정확한 측량기술이 필요했고 그것이 기하학을 발전시키는 동기가 되었다.

이집트에서 탄생한 기하학은 그 위쪽에 위치한 그리스와 우측에 있는 이슬람 문화권으로 전해졌다. 그리스로 전해진 기하학은 피타고라스 등의 학자에 의해 계승 발전되었다. 그러나 유럽은 로마를 거쳐 중세로 오면서 문명의 암흑기를 맞아 발전에 장애를 가져오게 되었다.

그러나 이슬람 제국은 적극적인 관용정책으로 이집트에서 들여온 수학을 계승 발전시켰다.

더구나 인도에서 '0(제로 zero)'가 발견되고 이것이 이슬람권을 거쳐 유럽으로 들어오며 수학은 획기적인 변혁을 맞이하게 되었다

중동의 이슬람 제국으로부터 역수입한 학문적 지식이 중세 유럽의 르네상스의 원동력이 되었고 이러한 발전으로 지금 강대국이 된 유럽(과 미국) 그리고 약소국이 된 중동의 아랍권 국가들을 보면 역사의 아이러니를 느끼게 한다.

참으로 역사란 돌고 도는 것 같다. 여러 강대국과 약소국이 부침을 하면서 변천을 계속하고 있다.

이러한 사실들을 보며 과연 인류 역사에서 강대국이 되는 조건과 그것을 유지하는 방법은 무엇인지에 대하여 궁금하였다.

여담) '0'의 발견이 왜 중요한가?

수학은 수(數)에 관한 학문이다. 그래서 수에 대한 표기가 매우 중요하다.

우리는 현재 21세기의 초일류 문명에 살고 있기 때문에 수의 사용이 너무 자연스러우나 사실 고대에는 수라는 개념을 알아도 그 표기법에 매우 고생을 하였다.

이유는 자릿수 문제이다. 10진법(또는 일반 n진

법도 마찬가지)에 있어서 일의 자리는 일단 표현하고 다음에 십의 자리 백의 자리를 표현할 경우 '0'이 발견되기 이 전에는 빈칸으로 표현하는데 이것이 아주 불편하다. 예) 105 → 1 5, 1005→1 5

그런데 인도에서 '0'이 발견되면서 수의 표기가 확실해졌고 이에 수학이 비약적으로 발전한 것이다.

3. 관용성: 세계를 지배하는 주요 요소-2

세상의 이법(理法)은 항상 양면성이 있다. 한쪽의 장
점이 다른 쪽의 단점이 되는 반면에, 한쪽의 단점이
다른 쪽의 장점이 된다.

관용성과 엄격성 이것은 칼날의 양면과도 같은 것이
다. 어떻게 사용하느냐에 따라 활인검(活人劍)이 될
수도 있고 살인검(殺人劍)이 될 수도 있다.

(1) 로마의 관용성

로마는 대표적인 관용성의 나라이다. 자신이 점령한 국가
의 이점을 최대한 활용하였고 공생의 개념으로 지배하였다.
사실 로마 황제의 면면을 보면 대단한 귀족 출신이 아니라
하찮은 하급 시민이고 또한 속주시민이라도 능력이 있고 국
가에 공헌하였으면 황제로 추대가 되었다. 그것은 황제의 자
격이 평민으로서의 호민관이라는 묘한 규칙 때문이다.

로마는 몇 번의 국가적 위기를 맞이하였으나 모두 슬기롭
게 구축한 시스템 덕분에 넘어갔다. 처음이자 최대 위기인
카르타고와의 전쟁에서의 경우도 일례로 들 수 있다. 카르타
고는 전쟁에 진 장군은 바로 사형에 처한다. 그래서 카르타
고의 장수들은 적극적인 싸움을 피한다. 반면에 로마에서는
전쟁에 진 장수를 다시 사령관으로 임명해 내보낸다. 한번
졌기 때문에 누구보다 더 상대와의 전쟁을 잘 알기 때문이

다.

로마는 한니발 장군(카르타고의 장군)과의 전투에서 연전
연패하면서 종국에는 로마만 남게 되었다. 즉 공성전이 시작
되는 것이었다. 그런데 한니발은 공격하지 않았다. 그의 생
각은 포위만 하면 주변 동맹 도시국가와의 협력관계가 자연
히 와해되고 따라서 로마가 스스로 무너질 것으로 생각했다.
그러나 주변 동맹국들은 더 똘똘 뭉쳐 로마를 도와주었고 덕
분에 로마는 큰 위기를 넘기게 되었다. 연이은 로마의 패배
에도 동맹 도시국가들은 로마와의 동맹을 깨지 않았다.

　여담)한니발이 로마성을 공격하지 않는 것을 보고 그 부
　　　하 장수가 '장군은 이기는 방법을 알고 있지만 승리
　　　를 쟁취하는 방법은 알지 못한다.'고 했다. 이것은
　　　삼국지의 제갈량과 위연을 생각나게 한다.

　여담)전쟁에서 '피로스의 승리'라는 것이 있다. 고대 왕
　　　피로스는 전쟁에서 연전연승하지만 결국에는 부하를
　　　잃고 패배하고 만다. 즉 무익한 승리를 한 것이다.
　　　한니발이나 제갈량도 이런 경우일 수 있다.

로마가 기존에 동맹국가에 보여준 개방성이 위기상황에서
동맹을 끝까지 유지하는 힘이 되었던 것이다. 그것은 로마는
그들이 정복하여 속주가 된 자들에게도 시민권을 나눠주고
심지어 타민족에게 최고 통치권을 맡기는 등의 관용성과 개
방성을 갖고 있었기 때문이다.

(2) 몽골의 관용성

  몽골민족을 통일한 칭기즈칸의 철학은 뚜렷했다. 관용성
과 엄격성을 모두 포함한 전술이다. 공격하는 적이 스스로
항복하지 않으면 철저히 파괴하여 버린다(엄격성). 반면에
스스로 항복한 적군에 대하여는 최대한의 관용성을 베푼다.
그리고 그들의 능력에 따라 직위를 부여한다. 이민족이라도
황제의 자리에 오를 수 있는 로마와 매우 비슷하다.

  그래서 피정복자의 장점과 전문성을 최대한 활용하여 효
율적으로 이용하였다. 수도 카라코룸에는 다양한 민족과 다
양한 종교 집단이 모여서 각자의 군락을 이루며 살아가게 설
계되었다.

  현대를 보면 미국이라는 나라가 다민족국가로 세계 최강
이 될 수 있는 요소를 구비하였다고 볼 수 있다.

(3) 중동 제국의 관용성

  1.페르시아 아케메네스 왕조의 키루스 대왕

    *모든 시민에 대한 종교의 자유

    *이민족: 공납만 부과

    *유태인 해방

    *노예제 금지

  2.이슬람 제국: 모든 민족, 모든 종교를 수용하는 정치체제

    -.우마이야 왕조: 종교 자유, 비아랍인은 인두세만 부과

-.아바스 왕조: 비(非)아랍인 인두세 폐지와 등용

3.오스만 제국

종교의 관용성과 민족 간의 다양성을 최대한 인정하고 보장하여 주는 시스템으로 제국을 건설하였다.

기독교, 유대교, 동방정교 그리고 아르메니아 정교 등 복잡한 종교의 여러 집단을 모두 흡수하고 수용하고 또한 신분상승에 종교, 출신지 등에 전혀 구애를 받지 않는 포용성의 제국이었다.

(4) 유럽국가의 관용성의 예

1.스페인과 영국의 해전

스페인이 레판토해전(오스만 제국과 유럽의 신성동맹국 간의 해전)에서 승리하고 이후 강력한 국가로 성장하였고 종교에 대한 이민족의 압박을 강화하였다. 특히 스페인의 펠리페2세는 이교도들에 대한 종교 관련 재판, 탄압을 강화하였다.

그러나 영국의 엘리자베스 여왕은 신교도이지만 종교에 대한 탄압을 하지 않았다. 엘리자베스 여왕의 아버지 헨리8세는 유럽대륙의 대포 기술자를 초대하여 청동대포보다 훨씬 비용이 저렴한 주철대포를 제작하였으나 스페인은 종교탄압으로 기술자들이 기술전수를 하여주지 않았다. 또한 스페인에게 배척당한 사람들이 '레이스 빌트

갈레온'이라는 혁신적인 배를 만들었고 영국은 이 배에 다량의 주철대포를 장착하여 스페인의 무적함대와 싸운 결과 대승리를 하였고 유럽의 패권은 영국으로 넘어가게 된 것이다.

2. 스페인과 네덜란드

스페인의 종교탄압에 못 이겨 도망친 유대인과 무슬림들이 찾아간 곳이 네덜란드였다. 스페인으로부터 독립한 네덜란드는 독립선언 헌장에 종교적 자유를 명시하였다. 즉 종교적 관용을 베푼 것이다. 스페인으로부터 이주해 온 유대인은 다이아몬드 세공을 통해 암스테르담을 유럽 다이아몬드 산업의 중심지로 만들었고 또한 금융업을 발전시켜 세계 최초의 주식회사인 동인도회사를 설립하였다. 그 후 네덜란드에는 세계 최초 증권거래소가 생겨났다(1608년). 반면에 인재가 유출된 스페인은 그 후 서서히 기울어져 갔다. 무(無)관용성에 대한 대가이다.

3. 종교적 관용성

-1. 프랑스 앙리 4세의 낭트 칙령: 모든 국민에게 믿고 싶은 종교의 자유를 부여한다.

-2. 영국 엘리자베스 여왕의 프로테스탄트 통일령: 아버지인 헨리8세가 만든 성공회로 인해 종교적 분리가 되고 이로 인한 다툼이 끊임없이 생길 때 엘리자베스 여왕은 두 종교를 모두 인정하는 통일령을 발표하여

종교적 분쟁을 종식시켰다.

-3.네덜란드 공화국의 독립과 종교의 자유 선포

*참조: <u>중세 기독교의 tip</u>)

　　프로테스탄트: 개신교

　　위그노: 프랑스의 개신교 신자(칼뱅주의)

　　성공회: 영국 국교회

<u>종류</u>

(서방) -가톨릭(천주교): 로마교회

　　　　-개신교(장로교, 성공회, 감리교, 침례교 등)

　　　　　　: 가톨릭에서 분파

(동방) -동방정교회(러시아 정교회, 그리스 정교회)

　　　　　　: 동로마 제국의 국교

　　　　-기타 정교회

<u>특징</u>

　*.서방가톨릭/동방정교회/성공회(주교제)는 중앙집권식

　　(式)체제를 가짐

　*.그 외의 개신교는 **개교회**주의 즉 각각의 교회가 독

　　립적 독자적으로 운용된다(목사를 중심으로). 따라

　　서 여러 분파로 나뉨

　　　장로교, 성공회, 침례교, 감리교, 성결교, 구세군

4. 역사로 배우는 지혜

(1) 역사를 이끄는 힘

세상에는 우월한 힘이 존재한다. 세상을 이끄는 것은 이 우월한 존재이다. 다윈의 적자생존의 법칙은 다시 표현하면 **'(우월한 힘)에 적응되는 것만이 살아남는다.'**라고 표현할 수 있다.

봄에 길가를 거닐다 보면 들판에 아름다운 꽃들이 피어 있다. 이 아름다운 꽃들은 스스로 선택받기 위해 아름답게 진화하였는가? 아니다! 그것은 지상의 우월자인 인간이 좋아하는 꽃들이 살아남은 것이다.

아름다운 꽃의 대명사는 장미이다. 그런데 장미 모양이 원래부터 그와 같은 아름다운 모양이었을까? 즉 조물주가 처음부터 현재 우리가 보는 장미 모양으로 창조하셨을까? 그렇지 않다. 장미는 처음에는 다른 모양이었는데 인간이 수많은 품종 개량을 거쳐 지금의 모양이 된 것이다. 즉 우월자인 인간에 의해 진화(?)된 것이다.

인류의 역사는 갑(甲)과 을(乙)의 역사이다. 갑은 우월한 힘이다. 민족, 종교, 이념 등 인간의 패를 가르는 모든 요소들은 결국 갑(甲)이 되기 위한 욕구의 발로이다.

동물들의 세계에서 제일 중요한 것이 서열(序列)이다. 이것이 인간에게는 집단으로 변하여 갑과 을의 특성을 만든 것이다. 종교적 편향, 지역 이기주의, 이념적 차이(자본주의와 공산주의) 등이 모두 결국은 갑의 위치를 점하고 싶은 욕망의 발로이다.

중국의 역사는 북방민족과의 투쟁의 역사이다. 그러나 중국을 침략하여 정복자가 된 국가들(몽골족, 만주족)도 중국을 지배하였지만 국가조직 지배 방식은 중국의 유교철학에 따랐다. 즉 군사적으로 지배했지만 문화적으로 지배당한 것이다. 어떠한 북방의 이민족도 결국에는 유교라는 중화사상의 용광로에 녹아 중화민족이 되었다. 중국과 동양에 있어서의 우월한 힘은 바로 이 **유교**사상이다. 유교사상과 법가의 지배체제가 중국 한국 일본 등 동양의 국가를 지배해온 거대한 힘인 것이다.

근세유럽의 역사는 종교전쟁의 역사이다. 그러나 또한 로마 황제의 역사이다. 고대 로마로부터 중세를 거쳐 근세 초기에 이르기까지 로마에 대한 동경과 **로마 황제**로의 열망은 기독교와 더불어 유럽 국가의 우월한 힘이다.

유럽의 또 하나의 우월한 힘은 **그리스 문화적 유산**인 헬레니즘이다. 이성과 합리주의의 시초인 그리스 학자들에 의해 이루어진 수학과 과학은 중세시대에는 이슬람 세계를 거쳐 근세에 유럽의 르네상스를 유발하였고 결국 서양을 지배하는 사상의 근간이 되었다.

(2) 이원(二元)적 체제

　세상의 모든 것은 양면성을 가지고 있다. 한쪽에서 보면 장점인 것이 다른 쪽에서 보면 단점이 된다. 관용성도 상당히 좋은 것이다. 그러나 다른 면으로 볼 때는 엄격성이 요구되기도 한다. 몽골민족이 세계를 지배하는 데 양쪽을 다 활용하였다. 즉 그들은 철저히 파괴하거나(엄격성) 최대한 포용(관용성)하였다.

　조직이란 양당정치가 이상적이다. 많은 정당은 중우정치(衆愚政治)에 가까워진다. 어떠한 사안도 결국 두 가지 관점(그 사안의 장점과 단점)으로 최종 정리되기 때문이다. 항상 모든 것은 장단점을 가지고 있기 때문에(trade off) 적절한 합의점이 중요한 것이다. 삼국지의 조조가 위대한 것은 사람들의 장단점을 잘 파악하여 그 사람의 장점에 맞게 보직을 주는 능력이 탁월하기 때문이다. 일당독주는 항상 위험하다. 양면성을 가진 사안에 대해 편견적인 판단과 시행을 할 수 있기 때문이다. 양당정치는 이것을 경계하는 것이다(입법기관인 국회 의석수를 한 당에게 몰아주는 것은 매우 위험한 정치를 초래한다).

　서로 싸워라. 그리고 합의점에 도달하면 모두 합의 결과에 승복하라. 조선시대 당파싸움이 생긴 것이 승복하지 못하고 끝까지 갑의 위치를 차지하려는 욕심에 기인된 것이다.

　참조)trade off: 한 면이 장점이 되면 다른 측면이 단점이 되는 것. 공을 멀리 보낼 때 정확하게 보내려면 거리가 덜 나가고 거리를 멀리 날리려면 정확성이 떨어짐. 생산 공정에서 제품의 품질을 올리면 생산성이 떨어지고, 생산성을 높이려면 품질이 저하됨.

(3) 조직 구조

지장(智將)은 머리이고, 용장(勇將)은 팔과 다리이다. 덕장(德將)은 지장을 머리에, 용장을 팔과 다리에 맞게 장착하는 것이다. 즉 지장을 지장답게, 용장을 용장답게 하는 것이 덕장의 임무이다. 삼국지에서 실패한 많은 전쟁의 경우 이 원칙을 지키지 못해 발생한 것들이 대다수이다.

적재적소(지장을 지장 자리에, 용장을 용장 자리에 관직 부여)에 인재를 배치하는 것이 첫 번째로 중요하다면 그 다음이 설계의 중요성이다. 거기에 해당하는 기법으로 OST(목표/전략/전술)을 제시하였는데 이 중 가장 중요한 것이 목표이다. 적벽대전의 예에서도 보았던 것처럼 제갈량은 처음부터 형주성 탈취라는 정확한 목표를 기반으로 전략과 전술을 펼쳤다.

목표의 중요성은 조직 구조에 있어서의 핵심요소이다.

방송국의 프로듀서(PD producer)의 조직은 상당히 효율적인 조직이다. 목표 설정이 확실하고 수장(首長)이 정확히 정해져 있으니 책임 소재가 분명하다. PD조직은 또한 유연성이 있다. 또한 없애도 전체 조직에 영향을 적게 주는 모세혈관 같은 조직이다.

역사적으로 볼 때 삼국지의 촉나라 조직구조가 가장 바람직하다. 수장으로 유비가 인사를 관리하고 제갈량은 승상(재상)으로 모든 전쟁의 설계자가 된다. 여기에 모사 격인 참모집단이 보조하고 최종적으로 각 장수들이 실제 전쟁하는 구조이다. 그런데 촉나라의 문제점은 이 참모집단이 취약하다는 것이다. 모든 설계를 제갈량 혼자서 다 하는 것이다. 그래서 형주성을 지장이 아니라 용장인 관우에게 맡기게 되고 결국은 성을 빼앗기고 관우마저 잃게 된다. 설상가상으로 오나라한테 복수한다고 덕장인 유비가 손수 전쟁에 나갔다가 결국은 불귀의 객이 되고 말았다.

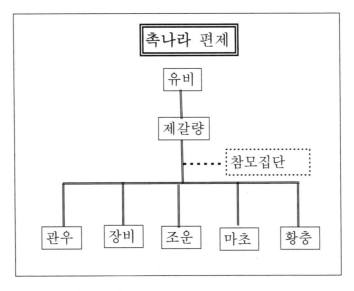

따라서 참모집단을 강화하고 유능한 설계자를 키워 문제가 발생할 때마다 적절한 참모에게 전권을 부여하여 일사불란한 대응체제를 만드는 것이다.

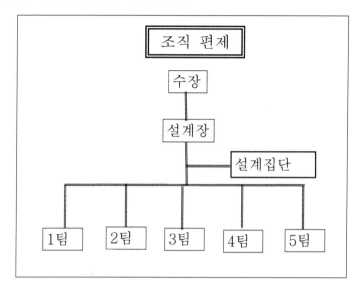

따라서 모든 조직은

1.확실한 목표 설정에 기초해 조직 구성을 하고

2.통괄 지휘하는 수장(首長 1명)이 전권(全權)을 갖고
   (단 수장은 기술적 능력이 있는 용장이 아니라 관리와 설계 즉 전체적 plan을 짤 수 있는 **지장**이어야 한다.)

3.관련된 모든 권한과 책임을 위임받아야 한다(모든 Task Force Team에는 한 사람에게 모든 전권을 위임해 주어야 한다).

4.관리능력과 기술능력은 그 쓰임새가 다르다. 기술능력

은 용장에 해당되며 관리능력은 지장에 해당된다(이것은 관리능력은 시강변수, 기술능력은 시량변수에 대응한다고 볼 수 있다 - 밑 참조).

(4) 수장(首長 덕장)의 요건

1. 많은 사람을 모을 수 있는 강한 **친화력**(affinity)이 있어야 한다.

예)진나라 말기 초나라와 한나라와의 전쟁에서 처음에는 초나라 항우가 상당히 우세하였다. 그러나 친화력이 강한 한나라 유방의 주변에는 사람이 점점 모이고 더구나 항우의 수하였던 명장 한신, 팽월 등도 유방에게 귀속하여 결국 유방의 한나라가 천하를 통일하였다.

2. 확실한 **후계** 구도를 세워라.

국가 또는 조직의 창업도 중요하지만 영속성의 면에서 후계 구도 역시 매우 중요한 인자이다. 역사적으로 보면 수많은 위대한 제국이 후계 구도의 실패로 1~2대에서 패망의 길을 걷는 경우를 보아왔다.

진시황의 경우 중국 최초의 대제국을 건설하였으나 자신의 후계를 소홀히 하여 그의 우매한 둘째 아들과 환관에 의해 패망의 길을 걷게 되었다. 알렉산더 대왕 역시 세계 최초의 동서양 대제국을 건설하였으나 후계 구도에 있어서는 전혀 준비를 못하였기 때문에 나라가 분열되는 결과를 초래하였다.

이것은 국가뿐만 아니라 한 개인의 가정에서도 마찬가지이다. 가정의 중요한 목표는 생활 영위를 위한 금전적 여유도 중요하지만 후세 자식들의 올바른 교육 또한 매우 중요하다. 따라서 한 가정에서는 이 두 가지를 확실히 분담하여 이끌어나가야 한다.

역사적으로 볼 때 어떤 특출난 사람이 갑자기 생겨나 모든 것을 이룬다는 것은 거의 불가능하다. 그 이면에는 전대(前代)에 기초를 다져준 사람이 존재하기 마련이다. 이러한 것이 바로 후계 구도의 중요성을 말하는 것이다. 그래야 조직의 영속성이 생긴다.

여담)청출어람 청벽어람(靑出於藍 靑碧於藍): 청색은 남색에서 나왔지만 청색이 남색보다 더 푸르다. 여기서 제자가 스승보다 (능력으로는)더 뛰어날지 모르지만 그런 제자를 길러낸 스승이 더 훌륭하다는 것을 우회적 표현.

3.인재를 적재적소에 잘 활용할 줄 알아야 한다(**선구안**).

여기서 논공행상의 중요한 기준이 있다.

(5) 설계자(재상)의 중요성 – 역사적으로 유명한 재상

1.제환공과 관자

관자는 제환공이 제나라 군주가 되기 전에 권력다툼의 상대편에서 제환공을 공격하였다. 결국 제환공이 군주의 자리에

오르며 유능한 관자를 용서하고 자신의 재상으로 등용해 제
환공은 춘추5패의 첫 주자가 되었다.

2. 한고조와 재상 소하

소하는 초한전쟁 때 한나라 유방 편에서 병참 군수를 담당
하였다. 전쟁 중에 군수 조달은 매우 중요한 임무로 소하는
이를 잘 수행하였고 한나라가 승리한 후 1등 공신으로 책봉
되고 재상으로 임명되어 한고조를 잘 보필하였다.

3. 당태종과 위징

위징은 재상이 아니라 임금의 잘못을 간하는 직책을 맡았
다. 당태종이 잘못할 때마다 그것을 지적하여 당태종을 중
국 역사상 가장 존경하는 군주의 하나로 이끌었다.

4. 몽골의 칭기즈칸과 야율초재

칭기즈칸의 전략은 승복하는 적군은 살리고 저항하는 적군
은 모조리 없애는 것이었다. 금나라와의 전쟁 때에도 그러
하려 했으나 야율초재의 반대로 많은 사람을 살려두고 그
덕분에 금나라의 여러 가지 장점을 얻어 적극 활용하였다.
또한 몽골의 정치체제를 유교의 정치체제로 탈바꿈 시켜 대
제국의 기틀을 마련하였다.

5. 루이13세와 리슐리외

리슐리외는 재상으로 임명된 후 왕권강화와 중앙집권체제를
확립하여 지방 귀족의 권력을 약화시켰다. 결과적으로 훗날
루이14세의 절대왕정의 기틀을 마련하였다. 그는 평민이 귀

족이 될 수 있는 정책도 만들었다.

여담)알렉산드르 뒤마의 소설 삼총사에서 리슐리외는 악당
　　으로 그려져 있다.

참고)30년 전쟁: 처음에는 개신교와 가톨릭교회의 대립으로
　　발생하였는데 정치적으로 프랑스와 스페인의 합스부
　　르크 왕가와의 싸움이 됨. 리슐리외는 이 전쟁에 참
　　가해 결과적으로 영토 확장시키고 합스부르크 왕가의
　　위세를 약화시켰다.

6. 루이14세와 마자랭, 콜베르(재무장관)

콜베르는 루이 14세 때 재무장관으로 여러 정책을 펼쳐 프
랑스의 국력을 신장시켰다.

7. 세종대왕과 황희 정승

세종대왕의 업적이 매우 많은데 그 중에 하나는 인재 등용
을 잘 한다는 것이고 황희 정승의 선발도 그 예이다. 황희
정승은 세종대왕을 도와 그 당시를 태평성대로 이끌었다.

(6) 시강변수의 위력

세계의 역사를 바꾼 키워드(key word) 중에 하나가 바로
시강변수라는 개념이다.

시량변수: 덧셈이 가능한 것 - 촛불의 초의 경우

시강변수: 덧셈이 안 되는 것 - 촛불의 불의 경우

*여러 개의 촛불을 만들기 위해서는 여러 개의 초가 필요

하지만 불은 한 촛불에 있는 불로 자신을 손실되지 않게 다른 많은 초에 불을 붙일 수 있다.

시강변수가 빛을 발하는 최초(?)의 사건은 바로 금속활자의 발명이다. 중세시대에서 지식이란 특정의 고위직 사람(성직자, 귀족 등)들에게만 전해져 내려왔고 필사(筆寫)를 통해 그 직을 한정적으로 전수하였다. 그러나 금속활자의 발명으로 값싼 기술서적이 대량으로(금속활자: 시강변수, 종이: 시량변수) 국민들에게 유통되었고(특히 성서) 그리하여 지식의 대중화를 초래하였다.

두 번째 사건은 신문, 라디오와 TV라는 대중 전달매체의 발명이다. 신문, 라디오와 TV를 통하여 보다 많은 지식들을 온 국민이 안방에서 알 수 있게 되었다.

그 다음은 인터넷의 발명이다. 이것은 가히 지식의 폭발적 대중화라고 볼 수 있고, 더구나 스마트폰의 발명으로 더욱더 지식의 보고에 접근할 수 있게 되었다.

시강변수는 자본시장에도 강력한 영향을 미쳤는데 지적소유권이 바로 그것이다. 특허권, 음원권 등을 통해 일부 기업이나 개인들은 엄청난 재산을 획득하게 되었다.

(7) 정리

농경사회는 안정을 기반으로 하는 사회이다. 따라서 완비된 국가의 성립이 매우 중요하다.

중국 고대의 춘추전국시대는 자유를 기반으로 하는 혼돈 (混沌)의 시기였다. 이러한 혼돈의 시기에 백가쟁명의 시대가 나왔고 이래서 탄생된 유가(儒家)의 수신제가치국(治國)의 논리는 그 후 중국의 역사를 지배하는 기본원리가 되었다. 심지어 중국을 침략하여 지배한 외래 국가들(몽골의 원나라, 만주족의 청나라)조차 지배원칙으로 유가의 교칙을 치국의 근간으로 세웠던 것이었다.

유가의 치국원리는

-1.부부자자, 즉 아버지는 아버지다워야 하고…… 등 각자 맡겨진 직분의 임무를 성실히 수행하는 것이다. 그런데 여기서 농경사회의 근본적인 문제점이 생긴다. '맡겨진'의 의미에는 이미 신분계급이 태생적으로 정해졌다는 의미를 내포한다.

황제의 아들은 황제이고 재상의 아들은 재상이라는 것이다. 이런 모순을 타파하기 위해 과거제도를 실시하고 신하들도 잘못하면 처벌받을 수 있게 하였다. 그러나 왕조의 계속적인 유지를 위해서는 황제의 아들은 황제라는 절대명제는 유지하여야만 했다.

그러면 만약 황제가 어리석을 경우에는 어찌할 것인가? 황제를 폐한다? 다시 세운 황제도 어리석으면…… 등의 모순은 어찌 해결할 것인가? 여기서 유명한 조참(한나라 때 재상)의 예를 들 수 있다.

조참은 한나라 2대 황제 혜제 때의 재상이다. 그는 전임 (한고조 때)재상인 소하의 추천으로 재상이 되었는데 재상이 되고서 일은 안하고 매일 놀고 즐기기만 하였다. 그래서 혜제가 불러서 야단을 치니 조참이 하는 말이 현 황제께서는 창업주 한고조보다 뛰어나냐고 물으니 황제는 어찌 비교할 수 있겠는가 하고 대답하였다. 이어 조참은 그 자신도 전임 재상인 소하보다 뛰어나지 않다고 했다. 따라서 뛰어난 사람이 조직체제를 만들면 그 후세 뛰어나지 못한 사람은 따르기만 하면 된다는 것이다. 그러다가 또 더 뛰어난 황제나 재상이 나오면 개정하면 된다는 것이다. 이것이 소규조수(蕭規曹隨)라는 고사의 어원이 되었다.

즉 모든 조직의 수장에 대한 기준은 흔들리면 안 된다. 확고히 규정지어야 한다. 그리고 뛰어난 수장은 규범을 좋게 재정비하고, 평범한 수장은 좋은 옛 것을 따르기만 하면 되는 것이다.

-2.'공(功 공적)이 있으면 금전으로 보상하고
　능력이 있을 때 관직에 등용하라'

관직이란 무척 위험한 자리이다. 공은 있으나 능력이 없는 사람을 관직에 앉힐 경우 그 조직은 위태

136

롭게 된다.

정권이 바뀔 때마다 자신이 수장이 되게 도와준 사람에게 보은(報恩)인사라는 관례를 만드는 것은 매우 위험한 일이다.

관직이란 오직 능력에 합당한 사람에게만 적재적소에 부여되어야 한다.

여담)과거 모(某)대통령이 후보시절 자기를 도와준 사람을 당선된 후 비위 관련 처벌하였다. 그때 토사구팽이라는 말이 유행하였다. 참으로 훌륭한 처사였다.

참조)중국 역사상 가장 사상적으로 활발한 활동을 한 시기가 춘추전국시대라고 했다. 사회는 **혼란**하여도 학문적으로는 **자유**로워 다양한 사상이 생겨나게 되었다.

중국에서 송나라는 특이한 성격을 갖는다. 송나라는 서양에 대해 동양적 학문의 르네상스를 이룬 나라이다. 진나라 통일 이후 분서갱유로 단절된 유가 학문을 한나라 때 훈고학을 통해 재정비(마치 서양에서 르네상스를 통해 그리스의 학문으로 회귀하는 것처럼)하였으나 획일적인 면이 많아 송나라 때 많은 학문적 개선의 시도가 이루어졌다.

조선 과거제도의 주요한 과목인 사서삼경(四書三經)에

서 사서는 송나라 때 그 분류가 이루어졌다.

대학: 예기의 42편 증자가 지은 것으로 추정

논어: 공자와 제자의 대화록

맹자: 맹자에 관한 것

중용: 자사(子思)가 기초 작성

주자학이라 불리는 학문은 주돈이, 소강절, 주희 등을 거쳐 이룩해 놓은 학문적 성과이다.

그 외에도 변법으로 송 인종 때 범중엄의 경력신정, 그 후의 왕안석의 변법, 왕수인의 양명학이 있다.

송나라가 이러한 학문적 발달을 한 것은 물론 문치 위주의 국가이기도 하고, 또 그 당시 동양의 국제정세가 거란족의 요나라, 몽고군, 여진의 금나라 등 여러 외적들이 융성해 국가적 혼란이 많았던 시기이기도 하기 때문이다. 혼란할 때 발전의 기회가 생기는 법이다.

부록

집현전(集賢典)

인간은 정말 변하기 힘든 동물이다.
그러나 약간씩이라도 변화할 수만
있다면, 그리고 지속적이면
높은 곳을 오를 수 있는
위대한 힘이 있다는 것이다.

1. 경험적 지혜

** 나뭇잎의 지혜

공원으로 산책을 나갔다가 갑자기 소나기가 내렸다. 마침 우산을 가지고 오지 않아 재빨리 나무 밑의 잎이 무성한 곳 아래로 피했다. 그런데도 약간씩 빗방울이 들이쳤다. 이상해서 바닥을 보니 내가 서 있는 곳에는 빗자국이 약간씩 나 있고 그보다 좀더 왼쪽이 빗자국이 없었다. 가만히 생각해 보니 바람의 영향으로 비가 비스듬히 들이친 것이다.

아!!! 나뭇잎이 무성한 곳을 찾지 말고 젖지 않은 바닥을 찾아야 하는구나!!!

결과가 좋아야 다 좋다.

그렇다고 나쁜 과정을 하여도 좋다는 뜻은 아니다. 결과가 안좋으면 내 과정을 점검하라는 것이다.

-결과적으로 **선순환하게 하는 것이 선(善)**이요,

　　　　　악순환을 일으키는 것이 악(惡)이다.

-방해가 되는 조언은 방해만 될 뿐이다. 조언이란 상대방이
　받아들일 자세와 수준이 되어야 유효하다.

-서두를 기회가 없는 사람은 자신이 침착한 사람이라고 생각한
　다.

** 소시지(sausage)의 지혜

어렸을 적에 소시지가 A회사의 새 제품으로 나온 적이 있다. 먹어보니 정말 맛이 있었다. 마치 신세계를 접한 기분이었다. 그런데 얼마 후 B사에서 새로운 소시지를 출시하였다. 그 제품을 먹어보니 예전의 A사 소시지보다 더 맛이 있었다. 이상한 것은 다시 A사의 소시지를 먹어보니 그때는 맛이 없었다(맛이 '없다'기보다 예전의 그 좋은 맛을 느끼지 못했다).

왜 그럴까? A사 소시지의 제품 품질은 예전과 전혀 달라진 것이 없는데 말이다.

-더 좋은 것은 이전의 좋은 것에 대한 행복을 빼앗아 간다.

-욕심은 길러지는(養) 것이다. 욕심을 기르지 마라.

-사람은 스스로 걱정을 만들고 그 속에 들어가 걱정한다.

-누군가로부터 요청이 왔을 때 그 이유를 묻지 않는 것이 그 사람에 대한 최대의 믿음(신뢰)을 보여주는 것이다.

-화를 내며 야단치면 야단맞는 사람은 자기가 잘못해서 야단맞는 것이 아니라(반성하는 것이 아니라) 윗사람이 자기에게 화풀이한다고 생각한다.

-총을 가지고 있으면 필히 방탄조끼도 입어라(상대방도 총을 가졌을 것이니까)

** 송판 격파의 지혜

송판을 격파할 때 송판보다 자신의 손의 힘이 강하면 송판이 격파될 것이고, 송판이 강하면 자신의 손이 격파당할 것이다.

-전쟁에서 지지 않으려면 자신과 상대방에 대한 모든 정보를 확실히 파악해야 한다.

-모든 것을 미리 계획하고 실행할 것인가를 결정하라.

-방해가 되는 도움은 방해만 될 뿐이다.

-떨어지는 돌을 좇아가 맞지 마라.

-할 수 있어야 알 수 있는 법이다.

-칼날을 잡고 휘두르면 자기 손만 베인다.

* 그러니 칼자루를 잡았을 때 휘둘러라. 내가 상대방보다 우월하다고 상대방이 느낄 경우에만 나의 말이 상대방에게 효력이 있는 것이다. 이것이 말을 삼가는 요체이다.

* 부모가 자식에게 신뢰를 얻었을 경우에만 자식교육이 효과가 있는 법이다. 자식에게 '숙제 했어?'라고 물으면 자식은 '왜 아직 숙제하지 않았어.'라고 해석한다. 그러면 (결과적으로)아이는 거짓말이 늘거나 부모와의 대화를 단절한다. 대화(특히 자식과의 대화)에서 지시형의 어법을 사용하지 마라.

* 완전히 청소할 목적이 아니면 잠자는 먼지를 건드리지 마라.

* 정말로 중요한 1가지를 해결하면 나머지는 저절로 해결된다. 그러니 불필요한 쓸데없는 것에 에너지를 소모하지 마라.

** 거울의 지혜

승강기(엘리베이터)에는 일반적으로 거울이 달려 있다. 어느 날 승강기를 타고 거울을 보니 검은 반점이 있었다. 열심히 닦았으나 지워지지 않았다. 이상해서 가만히 보니 거울에 비친 내 얼굴에 반점이 있는 것이었다. 자신의 더러움은 보지 못하고 거울에 비친 남(거울)이 더럽다고만 느껴진다.

-인생에서 가장 중요한 것은 자신을 비춰줄 거울을 찾는 것.

-거울에 비춰지는 것이 중요한 게 아니라 그곳의 자신 모습을 보고 꾸준히 고쳐나가는 것이 중요하다.

-거울은 스승, 동료, 역사, 책 등 무엇이든 상관없다. 자신의 뒤를 보여주기만 하면…….

-미래는 모른다. 과거가 자신의 거울이다.

-골프 황제 타이거 우즈도 코치(거울)가 필요하다.

-사람은 자신의 모든 행동이 스스로 잘했다고 생각한다(어떤 악행조차도). 그 이유는 그렇게 생각하지 않으면(거울이 있으면) 그 행동을 안했을 것이니까.

-자신의 가장 정확한 거울은 상대방의 나에 대한 대응이다. 그 것이 비록 일부를 비치는 것일지라도.

-사람은 본능적으로 남을 가르치려 한다. 그것은 남의 단점만 보기 때문이다.

-자기 말고는 모든 다른 사람이 고집스러워 보인다.

** 배수구(排水口)의 지혜

식사를 끝내면 그릇을 씻기 위해 주방에 있는 개수대(開水臺 sink대)로 간다. 개수대에는 물을 빼기 위한 배수구가 설치되어 있다. 배수구를 약간 열어두고 설거지를 하면 배수구 구멍으로 물이 빠지며 설거지를 끝낼 수 있다. 그런데 만약에 배수구를 완전히 막아 놓으면 물은 절대로 영원히 빠지지 않는다. 물이 빠지기 위해서는 아주 조금이라도 열어 놓아야 한다. 그 다음은 시간이 일을 한다. 즉 언젠가는 결국에는 빠지게 되어 있다.

냉장고에 식재료를 사다 놓았는데 건드리지 않으면 평생 그대로이다. 아니 결국에는 썩어 버린다. 약간이라도 매일 먹으면 언젠가는 다 먹게 된다. 새 책을 사다 놓고 매일 조금씩이라도 계속 읽어야 마침내 다 읽을 수 있다. 즉 부지런함이야말로 무언가를 이루게 하는 것이다. 쉬지 않고 꾸준히 될 때까지…….

-두려움(무서움)을 외면하면 결코 두려움에서 벗어나지 못한다. 직시하고 수십 번 계속 보아야 두려움을 없앨 수 있다.

-큰 지혜란 오랜 경험 뒤에 오는 단순함이다.

-큰 지혜가 어리석게 보이는 것은 단순한 때문이다.

-복리(複利)의 위대성은 부지런함에 있다.

-부지런함도 비효율적이면 그것도 일종의 낭비(waste)이다.

-사냥꾼의 최대 덕목은 기다림이다.

-주식 거래에서 쉬는 것도 투자이다.

** 인과(因果)의 지혜

-세상에 공짜는 없다.

-인과율에는 상계(相計)가 없다. 나의 악행A가 나의 선행B로 인해 없어지는 것은 아니다.

-더 나쁜 악이나 덜 나쁜 악이나 다 나쁜 것이다.

-조금 나쁜 행위의 실천은 더 나쁜 행위를 위한 용기를 준다.

-인과율에는 시간의 힘(복리)이 작용한다. 오늘의 행위가 1년 뒤에는 몇 배의, 10년 뒤에는 몇십 배의 대가가 따른다.

-우연이란 없다. 단지 사람들이 자신이 기억하는 짧은 시간에 이루어지는 결과물을 필연이라고 하고, 기억 못하는 긴 시간에 이루어진 결과물을 우연이라고 말할 뿐이다.

-운7기3(運7技3 운이 70% 노력이 30%)에서 운이란 자신이 기억하지 못하는 과거의 자신의 행동을 말한다.

-선행을 하였을 시는 인간에게 보답을 받으려 하지 마라. 나중에 신(神 시간)께서 더 큰 보답을 해줄 것이다.

-인간에게 죄 값을 치르는 게 신에게 죄 값을 치르는 것보다 유리하다. 인간은 봐주는 것이 있지만 신은 원칙대로 한다.

-진실을 억지로 밝히지 마라. 스스로 밝혀지는 속성이 있다. 그러나 오해의 소지가 있을 시는 적극적으로 해명하라.

-더 나쁜 죄가 덜 나쁜 죄를 사(赦)해 주지는 못한다.

-남의 죄가 나의 죄를 사(면)해 주지는 않는다.

** 안정과 자유

하루는 친구와 같이 중국집에 외식을 갔다. 식당에 들어서자마자 친구가 하는 말이 '이 집은 자장면이 맛있어'라고 말했다. 나는 속으로 나는 지금 짬뽕이 먹고 싶은데…… 라고 생각하며 팔걸이가 있는 의자에 앉으려는데 그 친구는 다시 '팔걸이 없는 의자가 더 자유로워'라며 그쪽으로 나를 데려갔다. 내가 짬뽕이 먹고 싶어도 그의 말대로 자장면을 먹으면 좋았을까? 또는 팔걸이 없는 의자가 내겐 더 편할 것인가?

-자신의 강한 호의 표시는 상대방의 자유를 빼앗는다.

** 성공과 실패

-실패는 자신이 뭘 모르는지도 몰랐던 것을 알려준다.

-은(銀)을 주운 사람은 옆에 금이 있어도 발견하지 못한다.

-성공이라는 웃음 뒤에 자만이 싹튼다.

-실패하지 않은 사람은 자기의 약점을 모르는 사람이다.

-실패를 두려워하면 성공이 너를 두려워할 것이다. 왜냐하면
 실패와 성공은 형제이기 때문이다.

-자만을 가져다주는 승리는 패배만 못하고
 약점을 배울 기회를 제공해 주는 패배는 승리보다 낫다.

-전투나 재테크(財Tech)의 기본은 성공할 확률을 늘려가는 것
 이 아니라 실패할 확률을 줄여가는 것이다(我生然後殺他).

-내가 과거의 나로 돌아갈 수 있다고 하더라도 나의 인생은 별

로 달라지지 않을 것이다. 인간의 행동을 바꾼다는 것이 너무 어려운 일이니까.

-재테크(財Tech)에서 사람이 범하기 쉬운 가장 큰 오류는 자기 돈이 아닌 것을 자기 돈이라고 생각하는 것이다.

-자신의 돈이 들어가는 사안에는 모든 사람이 성실해진다.

-고기를 잡으려면 미끼(투자)가 필요하다. 그런데 작은 미끼는 잃어버리기만 한다.

-감내할 수 있는 작은 손실을 받아들이지 못하면 감내할 수 없는 큰 손실을 맞이하게 된다.

-애써 세운 공든 탑이 자만 때문에 무너진다.

-상대방의 생각이 나와 같을 거라고는 꿈도 꾸지 마라. 모든 다툼은 이런 착각에서 비롯된다.

-자신이 이해(필요)하지 않는 한 행동이 결코 바뀌지 않는다.

-내 기준에서 남의 기분 나쁜 것(말, 행동……)은 내가 기준을 바꾸지 않는 한 평생 기분 나쁜 것이다.

-항상 자신의 의사를 표현하기 전에 상대반의 수준을 생각하라. 수준이 다르면 호의를 악의로 받아들일 수 있다.

-사람들이란 자신이 이러하니까 남들도 이러하겠다(할 수 있다)고 생각한다.

-진보는 보수의 또 다른 얼굴이다. 보수도 처음에는 진보의 모습으로 나타났다.

** 인간은 정말 변하기 어려운 동물

-기억하지 못하는 죄의 행위에 대하여 왜 자연은 인과응보로 벌을 주고 인간은 법으로 대가를 치르게 하는가? 그것은 인간이란 변하기가 정말 어렵기 때문이다. 그래서 죄를 지은 사람이 자신은 기억을 못해도 본인의 심성(心性)상 또 다시 죄를 지을 수 있기 때문이다. 그러니 내가 기억 못하는 과거의 죄에 대해 억울해하지 말고 자신의 내부에 그러한 나쁜 심상이 있음을 자각하고 스스로 반성하고 개선하기를 열심히 노력해야 한다.

-인간은 정말 변하기 힘들기 때문에 자신의 잘못이 무엇인지 설령 알았더라도 그 잘못을 고치기가 결코 쉽지 않다. 그래서 사람들이 타임머신을 타고 내 과거로 돌아갈 수 있다면 어떻게 할 것이라는 것은 헛소리이다. 그때 가도 역시 과거 행위와 별반 다르지 않을 것이다. 그러니 기억이 나지 않는 과거 (또는 전생)의 사건에 대해 벌 받는 것이 너무 억울하다 하지 마라. 그것들은 단지 기억해내지 못할 뿐이다.

** 포기와 체념

인도라는 나라를 여행하다 보면 우리의 통상적인 상식과는 색다른 여러 경우를 접하게 된다. 길거리의 걸인에게 돈을 주면 감사하다고 하지 않고 당연한 것을 받았다는 표정을 짓는다. 그 사람들은 전생을 믿기 때문에 전생에 자신이 도와준 것에 대해 지금 이 생에 되돌려 받는다고 생각한다.

인도 사람들의 기본 철학 중의 하나가 '포기'라는 개념이다. 이것은 우리가 단순히 생각하는 포기와는 좀 다르다. 불가능하다고 생각되는 것에 대한 포기이다. 거의 불가능한 것에 대한 무조건적인 노력은 어리석은 것이다. 이러한 그들의 포기라는 생각을 철학적으로까지 끌어올린 사람이 바로 고대 인도의 석가모니인 부처, 즉 싯다르타(悉達多)이다.

사람들은 자신의 능력 밖에 있는 것에 대하여 걱정을 많이 한다. 예를 들면 창조주가 있는가? 전생이 있는가? 내생이 있는가? 인생은 어디서 와서 어디로 가는가? 등이다. 이러한 것들은 자신의 인생에 아무런 도움이 되지 않는다. 보다 현실적인 예를 들어보면 공부도 하지 않았으면서 시험에 떨어지면 어떻게 하지? 하는 것과 같은 것이다. 이러한 것을 희론(戲論)이라 한다. 즉 아무 실익이 되지 않는 것들이다. 이러한 것들을 알려고 하는 생각을 과감히 포기하라는 것이다. 따라서 실익이 되는 것 즉 결과적으로 선순환을 일으키는 것에 대하여 (체념하지 말고) 노력하여 성취하라는 것이다.

즉 희론에 대해서는 **포기하고**

정견에 대해서는 **체념하지 말고 노력**(불방일)하라.

무슨 이유에서인지는 잘 모르지만(불교는 전생의 업, 기독교는 신의 뜻?) 각기 다른 사람들이 운명적으로 일정한 크기의 복(福) 또는 화(禍)를 가지고 태어난다.

누구는 +100(복)&-30(화), 누구는 +30(복)&-50(화)와 같이 태어난다면 화(-50)를 많이 가지고 태어난 사람은 평생 왜 나는 화를 많이 가지고 태어났냐고 원망해 보아야 아무 소용이 없다. 이러한 운명적인 사항에 대하여는 포기하여야 한다.

그러나 내가 가진 복의 크기를 키워나가는 것에 있어서는 절대 체념하지 말아야 한다.

** 인생의 최대 목표는 즐겁고 행복하게 사는 것

미국의 유명한 토크쇼 진행자가 이런 말을 했다. '나는 행복합니다. 내가 좋아하는 일을 하고 있고 더구나 돈도 버니까요.'

한국의 어느 전자 관련업체의 중소기업 사장이 자신의 기업을 물려줄 생각으로 아들을 미국에 유학 보냈다. 그런데 하라는 경영 공부는 안하고 노래에 미쳐 음대로 전과를 해버렸다. 아버지가 아무리 타일러보고 겁을 주어 보아도 자신의 진로를 결코 변경하지 않겠다는 아들의 말에 결국 포기해 버렸다. 이 아이는 자신이 좋아하는 음악을 열심히 공부하여 한국으로 돌아와서 대 성공을 하여 자신의 아버지 회사보다 더 많은 수익을 올렸다.

-인생 행복의 최대의 방법 중 하나는 자신이 좋아하는 일을 직업으로 가진다는 것이다. 매일 좋아하는 일을 하고 돈도 벌 수 있으니 이 얼마나 좋은 일인가!

-자신에게 좋은 일은 즐겁게 받아들이고 나쁜 일은 단점을 고치는 계기로 삼아라. 인생을 즐겨라. 인생은 그대에게 준 하나의 기회이다. 단 미래는 항상 기획하고 대비하라.

-아직 오지도 않은 미래에 대해 걱정하지 마라.

-해결할 수 없는 일에 대해 너무 걱정하지 마라. 차라리 포기하고 차선책을 택하라. 거만은 큰 암 덩어리와 같다.

-현재의 좋은 것에 만족해야 더 좋은 것에 대한 욕심을 버릴 수 있다.

-욕심과 욕망은 다른 것이다. 더 좋은 것에 대한 욕심을 버리

는 것은 마음의 안정이요 더 나은 것에 대한 꾸준한 노력은 욕망에 대한 스스로의 자유의 발로이다.

-인생의 큰 지혜는 항상 말을 삼가하고 조용히 웃어라.

-관심이 천재를 만든다.

-자신의 성격이 자신의 운명이다.

-산다는 것은 **달리는 자전거에 올라탄 형국**이다. 계속 페달을 밟지 않으면(노력) 쓰러진다. 그러니 즐거운 마음으로 계속 밟아라.

-**노력하면 (일이)쉬워지고 쉬워지면 즐거워지는 법이다.**
그러니 일단 먼저 노력하라. 여기에 인생의 답이 있다.

2. 자연의 이법

본래 처음 출간한 (신의 공소시효와)'지혜로의 초대', 그리고 그 후 출간된 '지혜로의 향연'에서 필요에 따라 또는 독자들의 좋은 의견을 참고로 계속 책을 개정하려고 하였으나 여러 사정상 매번 개정판을 출간한다는 것이 비효율적으로 생각하여, 다른 주제에 대한 책 출간 시 부록에 개정(★로 표시)부분을 삽입하기로 하였습니다. 따라서 이 부분은 전작(前作 지혜로의 초대/지혜로의 향연)에 대한 개정 부분입니다. 그러니 일부 중복되는 부분이 있어도 양해 바랍니다.

-1. 자연의 원리와 법칙

1) 자연의 원리(MAGIMIN 형식)

　1-1-1.쌍대원리: 세상은 안정과 자유의 **상충**적(trade-off)

　　　　　　　이중쌍대구조(MAGIMIN 형식)를 가진다.

　　예)차용: 나는 돈을 빌림 － 너는 돈을 빌려줌

　　　　청산: 나는 돈 돌려 줌 － 너는 돈 돌려받음

MAGIMIN) M= 음N*태극*양P= P*Ms∘N(Ms: subMAGIMIN)

정의)1.정(靜)적 평형: 무(無)변화, 무위태극

　　2.동(動)적 평형(平衡): 단조화, compact공간

　　3.동(動)적 편향(偏向): 편조화, bias공간

　예)'+1-1 =0'에서

0은 정(靜)적 평형,

'+1-1'은 동(動)적 평형,

'+3-1+4-2……' 는 동(動)적 편향

예)은행의 일생(一生): 처음 은행을 설립할 때는 자본금이
유입되어 들어온다. 이것은 양(陽 +)의 편조화를 형성
한다. 그러다가 어느 정도 자본금이 모이면 은행 업무
를 시작하여 일정 금액이 상한선 또는 하한선의 경계
에서 금전의 입출금 업무가 진행된다. 즉 단조화의
compact 공간이 된다. 그러다가 금융 사고가 터져 예탁
금이 급격히 빠져 나가면 음(陰 -)의 편조화를 형성해
생주변멸의 사이클이 완결된다.

설명: 빌려줌에는 빌리는 사람과 빌려주는 사람 간에 어떤 관
계가 있어야 한다. 이런 관계를 **연결**이라 하고 쌍대
발생을 **사건**(event) 즉 동(動)적 변화라고 한다. 사건
은 연결이 형성된 후 발생된다.

*위와 같이 쌍대원리(너의 불행이 나의 행복)도 이중 발생
(차용과 청산)이 되어야 한다.

*진정한 평등은 위 이중쌍대행위가 역(逆)으로 다시 반복(즉
내가 빌려줌의 경우)되어야 한다.

*과학적으로 안정은 최소에너지, 자유는 최대엔트로피를 의
미한다. 즉 세상은 최대한 자유로워지기를 그리고 에너지
소비를 최소화하기를 원하는 이중쌍대구조이다

1-1-2.★쌍대 대치(對峙)의 원리: 정(靜)할 때 연결된 두 쌍

대 개념은 서로 같은 양으로 대치 관계를 형성한다.

- 세상은 동(動)하지 않으면 아무런 변화가 일어나지 않는다. 이것은 외부에서 볼 때 아무 변화가 없는 평형으로 보이더라도 동적 평형이 있을 수 있다. 즉 정적 평형과 구별된다.

예)사람의 피부에는 아무것도 없는 것이 아니라, 유익균(有益菌)과 유해균(有害菌)이 대치되어 있다(서로 동적 평형을 이루고 있다).

1-1-3.유위(有爲)의 원리: 대립되는 쌍대의 차(差)가 유위(有爲)를 만든다.

예1)상처 등의 이유로 피부에 유해균이 증가하면 균형이 깨지게 되어 병이 발생된다.

예2)위의 차용 예에서 돈의 빌림은 (연결된)양자 간 돈의 보유의 차이 즉 빈부차이가 있을 경우 발생된다.

*차이가 없으면 아무 것도 발생되지 않는다. 이러한 상태를 주역에서는 태극(太極)이라고 한다. 차이가 생겼을 경우 움직임 즉 변화가 발생되는 것이다.

예)바람이라는 움직임이 발생되는 것은 양 지역의 기압의 차이가 있을 경우 발생된다.

*연결관계가 있는 두 상대는 서로 대치관계로 있어 양 힘이 같을 시 평형상태, 한쪽이 우월 시 불균형(파괴, 病 등)이 발생된다.

예)송판 격파의 경우 손이 강하면 송판이 격파되고 송판이 강하면 손을 다치게 된다.

1-1-4. 역치 원리: 모든 반응은 역치(閾値 threshold)를 갖는다.

예)바람이 발생되는 것은 기압의 차이이기 때문이나 기압의 차이가 아주 적은 경우에는 발생하지 않는다. 그 차이가 일정한 값(역치)이 되어야 발생되는 것이다.

1-1-5. ★적량(適量)의 법칙: 모든 반응은 적정 양(量 dose)이 존재한다.

예)약(藥)과 독(毒)이 따로 있는 것이 아니다. 독초도 적정량만 사용하면 몸에 이로운 풀이 된다(예: 부자).

1-1-6. 구조의 세계(世界)성: 극대의 세계와 극미의 세계 모두 동일한 형식의 MAGIMIN구조를 가진다.

예)닫힌계(단조화) 안에 열린계(편조화)가, 열린계 안에 닫힌계가 존재한다.

1-1-7. 효율과 복리: 먼저 손해 보면 나중에 더 큰 이익이 돌아온다(시간에 대한 이득 - 복리).

예)시간의 이득은 복리로 돌아온다. 지금 노력 또는 선행이 나중에는 시간의 복리로 인해 더 큰 이득이 돌아온다. 중고교 시절에 먼저 열심히 공부한 사람이 나중에 사회에서 더 큰 이득을 취할 수 있다.

2) 단조화 구조(**평등**과 **보존**의 원리): 닫힌계에서는 단조화의 행위가 이루어진다(compact성).

예)테두리가 있는 당구대에서의 당구공은 테두리 한도 내에서만 행위가 이루어진다.

1-2-1.완충(Buffer): 단조화 유지를 위해서는 이상 발생대비 완충장치(임시 저장소)가 필요하다.(시간에 대한 조정)

예)가뭄을 대비하기 위해서는 저수지가 필요하고 흉년을 대비하여 쌀을 비축할 필요가 있다.

1-2-2.뭉침(클러스터) 원리: 닫힌계는 긴 시간 많은 시료 경우 평등[보존]하지만 **짧은** 시간(주로 초기) **적은** 시료인 경우 집단적으로 뭉치는 **불평등**이 **지배**한다.

예)홀짝 게임을 할 때 이상하게 처음에는 홀 또는 짝이 몰아서 발생한다.

1-2-3.에너지(손익) 최소 소비의 원리:

세상(삼라만상)은 **안정**한 것을 원한다(최소에너지).

1-2-4.동조화: 에너지 소모를 극소화하기 위해서 동조화 현상이 일어난다.

설명)쌍대원리가 평등으로의 이중쌍대원리를 만족하기 위해서는 시간의 흐름을 요구한다. 사람은 이러한 시간의 필요에 대해 참을성이 부족해 자신의 손실을 최소화 하려는 행위를 하는데 그것이 동조화로 나타난다.

예)-.미인(美人)이 먹다 남긴 빵은 깨끗해 보이고 못생긴 사람이 먹다 남은 빵은 불결해 보인다.

-.부엌의 싱크대 수돗물은 먹을 수 있으나 화장실의 수돗물은 먹을 수 없다(전부 정부의 수도국에서 정수해서 보낸 물).

-.청소하지 않은 식탁보다 화장실 변기가 더 더럽다 (실제는 변기가 더 깨끗하다).

-.개를 싫어하면 개를 키우는 사람도 싫은 법이다.

1-2-5.오해는 쉽고 이해는 어렵다(이해하는 데는 많은 에너지가 필요하다. - 그러니 적극적인 이해를 구하는 것이 꼭 필요할 때가 있다).

예1)항상 먼저 화를 낸 후에 나중에 다시 생각해 보면 오해했다는 사실을 깨닫게 된다.

예2)서로 선의로 하는 말도 오해에 의해 다툼이 생길 수 있다. 그러니 충분한 설명이 필요할 때가 많다.

3) 편조화 구조(불평등의 구조)

: 열린계에서는 방향성의 행위가 이루어진다(bias성).

예)주식은 외부 세력이 들어올 수 있는 열린계이므로 한 방향으로의 상승 또는 하락이 발생된다.

1-3-1.**우월자**(프리미엄)원리

: Host는 premium(우월한 힘)을 갖는다.

열린계는 편조화로 우월존재가 프리미엄을 갖는 구조이다. 자연(세상)은 평등과 불평등은 반복하고 그것은 **우월**한 것이 있기 때문이다.

참조)여기서 Host는 자연계, 카지노 주인 등이 된다.

  -예: 주식 거래에서 A는 주식을 사면 가격이 오르고 팔면 내린다. 반면에 B는 주식을 팔면 가격이 오르고 사면 내린다. 이 경우 주식 거래에서의 우월자는 A이다.

예)로또의 1등 확률이 아무리 희박해도 꼭 당첨되는 사람(Host)이 생겨날 수 있다.

예)카지노의 게임은 주인(Host)이 전체적으로 보았을 시 확률적으로 이익이 나게끔 게임 구조를 가지고 간다.

  -홀짝 게임에서 '0' 또는 '00'인 경우 딜러가 이기도록 하여 50% 이상의 승률이 나오게 한다.

참조)우월자 원리는 편조화 경우에서 발생된다.

1-3-2. ★사행(蛇行)원리: 머리(극대)와 꼬리(극소)가 있는 것은 동시에 일직선으로 이동하지 못하고 마치 뱀이 꾸불거리며 진행되는 동작으로 전진된다.

  시위를 떠난 화살이 날아가는 모습도 저속 동영상 카메라로 보면 역시 같은 모양이다. 이것은 머리와 꼬리가 주변 여러 인자의 영향으로 동일 속도가 안 되기 때문이다. 그래서 편조화의 구조에서는 모양이 사행(蛇行)의 형태를 가진다.

  사행은 멀리 뛰기 위한 행위이며 따라서 사행에는 도움닫기(조주 助走)가 존재한다.

예)주식이 급등할 경우(편조화 경우) 역시 곧바로 일직선으로 상승되는 것이 아니라 극대 극소를 형성하며 상승형태를 가진다.

부칙)극대 우선법칙: 편조화 경우 머리(極大)가 먼저 이동한 후 꼬리(極小)가 따라간다.

1-3-3.마중물 원리: 큰 이익을 위해서는 약간의 희생(미끼)이 반드시 필요하다. 그런데 작은 미끼는 잡지 못하고 빼앗기기만 할 수 있으니 상대에 적절한 미끼 크기가 중요하다.

예)옛날 수동식 펌프에 물을 얻기 위해서는 처음에 반드시 소량의 (마중 priming)물을 넣어 펌프질을 하여야 물이 올라온다.

예)물고기를 낚기 위해서는 미끼가 필히 필요하다.

1-3-4.호민악둔의 원리: 편조화 경우에는 그 방향으로의 호재(好材 이익이 되는 사건이나 정책)에는 민감하고 악재(惡材 손해가 되는 사건이나 정책)에는 둔감하다.

예)과거 대선 때 한 후보에 대하여 악재가 발생되었을 때는 얼마 안 가 흐지부지되다가, 호재가 발생되니 인기가 급등하였다. 결국 그 후보가 당선되었다.

예)2020년 이후 정부가 부동산을 잡기 위해 인구 분산책의 일환으로 교통망을 개선 확충하였으나 정작 서울 시내는 악재이지만 둔감했고 역세권이 된 지역은 호재로 가격이 급등해 결국 전국적으로 부동산 급등을 초래하였다.

1-3-5. 애버런치효과(Avalanche 눈사태효과): 편조화에서 일정 방향성에 대해서는 프리미엄효과로 진행되지만 그것들이 조정을 받지 않고 쌓일 경우 언젠가는 급락의 눈사태가 발생된다.

　예)자주 작은 산불이 나지 아니하면 나중에는 이것이 누적되어 대형 산불(애버런치)이 발생된다.

　예)주식이란 속성(인플레, 경제발전 등)상 상승의 프리미엄으로 진행되지만 조정이 없는 경우가 누적될 경우 일정 기간 후에는 세계적 경제공황을 유발할 수 있다.

1-3-6. ★결과 우선의 법칙: 미리 프로그래밍 한다는 것은 결과를 예측하라는 것이다. 결과를 나타내는 프로화일을 주시하고 징후가 보일 경우 우월적 힘의 작용 여부를 확인하여야 한다.

손익(에너지)관련 법칙

1-3-7. 악재우월의 원리: 악재는 선재를 몰아낸다.

　그것은 악재가 에너지소모 극소가 되기 때문이다.

　예)악화는 양화를 구축한다.

1-3-8. ★실행의 두 방편(方便): 자연계에서 실행이 이루어지는 경우 에너지 효율을 높이기 위해 두 방편을 사용

한다.

* .분류(를 통한 정리-화일링filing): 정보나 역할을 기능
별로 구별하여 필요시 선택하기 쉽게 하는 방법

* .쌓기(를 통한 정리-파일pile): 사용 빈도가 높은 것은
맨 위에, 빈도가 낮은 것은 맨 밑으로 놓아 실행에
대한 접근(access)을 효율적으로 하는 방법

예)1.회사에서 자료를 정리할 경우 바인더를 통해 정리
보관한다(filing). 반면에 긴급한 사안은 책상 위에
놓고 수시로 본다(pile)

2.컴퓨터에서 메인 메모리(주 기억 장치)에는 대용량
기억 소자를 위치해 폴더 설정을 통해 필요한 자료
를 검색 발취하기 편하게 한다(filing). 반면에 사
용 빈도가 아주 높은 자료나 프로그램의 경우는 속
도가 빠른 메모리를 따로 설치해(캐시 메모리) 즉각
적인 자료 호출(pile)을 가능하게 하여 컴퓨터의 전
체적 속도를 향상시킨다.

1-3-9.자연물 형성원리: 모든 자연의 **현상체**(체體와 용用)는
줄기체와 설계 역할의 **씨알체로** 만들어진다.

4) 단조화와 편조화의 발생

1.편조화는 우월한 힘(능동자)을 가지므로 일단 이것(우
월한 힘)의 존재를 확인한다.

2.편조 추이 발생 시 단조화에서 국소(局所 Local)적으로

편조화 가능성이 있다(clustering 효과).

3.편조 추이가 조정을 받고 다시 편조 추이가 발생되면 편조화 구조가 되며(극대와 극소 준점이 계속 유지되거나 상향된다), 원점으로 되돌아가면 확장된 경계를 가진 단조화가 된다.

예)1.고대 중국의 주(周)나라는 별로 크지 않은 나라였다. 그러나 진나라가 전국을 통일하며 큰 영토가 되었다(편조 추이). 그 후 중국은 만리장성을 기점으로 동서남북 영토가 크게 또 작게 확장 및 축소를 반복하여 오늘에 이르렀다. 즉 단조화(compact)로 닫힌계가 된 것이다.

2.로마는 소도시로 출발하였다. 그러나 특유의 우수성(우월자)으로 국가적 위기도 있었지만 계속 영토를 확장(편조 추이)하였다. 그 후 일정 영역에서 단조화가 되다가 외적의 침입으로 망하였다.

3.주식시장은 초장 이후 상승하다 중간에 단조화를 가졌다. 그러나 계속 편조 추이를 가지며 편조화 시장이 되었다.

-2. 각 분야별 적용

1. 과학(물리)

2-1-0.역학적 좌표계

절대적 좌표계란 그 어떠한 역학적 간섭(우월적 힘)도 받지
않는 운동 자체만 기술되어지는 좌표계이다.

상대적 좌표계란 일정 공간 내에서 모두가 우월적 힘의 영향
을 받는 공간 내에서 기술되어지는 좌표계이다.

2-1-1.운동 원리: 상대적 좌표계에서의 (우월적 힘의 영향권
내에 있는 모든 물체의)운동의 기술 형태는 절대적
좌표계의 운동기술 형태와 동일하다.

-.중력(우월적 힘)의 영향을 받는 중력장 내의 모든 질량
을 가진 물체는 절대적 좌표계처럼 기술된다.

-.달리는 기차(우월적 힘: 일정 속도v) 내의 모든 물체는
속도v에 무관한 좌표계로 기술된다.

-.원자 구조 내에서의 우월적 힘은 핵력

2-1-2.절대적 좌표계와 상대적 좌표계의 운동기술은 상대적
좌표계에서의 우월적 힘으로 인한 차(差)로 기술되어
진다.

2-1-3.우월적 힘이 존재할 수 없는 물체의 경우 즉 만유인력
을 유발하는 질량 또는 전자기력을 유발하는 전하량이
없는 빛(광자)과 같은 경우에는 어떠한 우월적 힘이
존재하는 상대적 좌표계에서도 절대적 좌표계와 동일

한 값(힘의 차가 아닌)이 된다.

-.광속도 **일정**의 법칙: 우월적 영향을 받지 않는 빛의 경우는 어느 좌표계이건 속도가 일정하다. 그래서 두 좌표계에서 다르게 기술된다.

참조)달리는 기차 안에서 공을 던지는 경우 공은 이미 달리는 열차의 속도를 갖고 있고(우월적 힘에 지배를 받는) 물체 특성상 손바닥과의 반발력으로 절대적 좌표계에 대해 (열차)속도를 더해질 수 있으나, 열차 안에서 빛을 발생시킬 경우 빛은 열차속도(우월적 힘)의 지배를 받지 않으므로 당연히 절대좌표계와 동일한 속도를 갖는다.

-.광속도 최대의 원리: 물체의 운동이란 에너지의 공급(차만큼의 공급)을 받아 이루어진다. 그런데 물의 경우 상(相)변화가 일어나기 때문에 공급된 에너지로 물의 온도를 올린다. 그러다가 끓는점(100도C)에 도달하면 더 이상 온도는 올라가지 않고 일정하게 되면서 공급되는 나머지 에너지는 물의 증발에 기여한다.

빛 즉 광자의 경우도 마찬가지이다. 우리가 성냥을 켤 경우 아주 작은 입자가 순간적으로 속도를 높여(질량이 매우 작은 입자) 광속에 이르면 빛이 발생되며 일종의 상변화가 발생되어 광속도 이상의 속도가 될 수가 없게 된다.

2-1-4.★물질파 발생: 상대적 좌표계 안에 있는 모든 물체(우월적 힘에 의해 영향을 받는 물체)는 우월적 힘에 의한 일시적 불균형으로 그 자리에서 사행(蛇行)의 진동운동을 하며 그것이 물질파로 나타난다.

2-1-5.★Quantumology(量群學): 역치의 원리에 따라 세상 모든 것은 기본덩어리(Quantum)로 구성 전개된다.

-.양군(Quantum)이 낱개로 움직이면 Newton역학에 따르고 모여서 집단으로 움직이면 통계역학을 따른다.

2-1-6.★자연 역학법칙

-1.흐름법칙(변화): F= NA (N:관성 크기 A:변화의 크기)

예)1.뉴턴 역학 F= ma(m:질량–관성크기, a:가속도)

2.열역학 Q= mcT(c:열용량–관성크기, T:온도차)

-2.총량법칙(보존): L= 시강변수I*시량변수Q

예)1.에너지= 힘*거리

2.총 전기 사용량= 와트(일율)*시간

3.일의 총량= 맨(man)*Day (2명이 3일= 3명이 2일)

*흐름법칙에는 반작용의 법칙(편조화)이 적용되고 총량법칙에는 보존의 법칙(단조화 compact)이 작용한다.

*에너지 자체로는 아무 의미가 없다. 두 곳의 에너지 차가 발생되어야 변화인 힘이 생긴다(動力: 유위의 원리).

2. 경제

2-2-1. 시장의 형성 법칙(수요 우월의 법칙):

*자본주의의 본질은 **시장의 형성**에 있다.

*<u>시장형성</u>은 수요의 관성을 깨는 것이다. 수요(필요)에
의해 공급(발명)이 창출된다. 수요의 편조화가 시장을
형성하는 우월자이다. 단, 국소적 편조화 경우에는 공
급이 우월자가 된다.

예)신발회사의 두 영업사원이 아프리카에 판매차 출장
갔다 돌아와서 출장보고서에 한 사람은 그곳 사람
들은 맨발로 다녀 시장성이 '없습니다.'라고 보고
했고, 다른 사람은 그곳 사람들은 맨발로 다녀 시
장이 '무궁무진 합니다.'라고 했다.

*이것을 쌍대개념(MAGIMIN)으로 해석해 보자.

쌍대개념: (나의 과잉상품 A)*(너의 부족상품 A)

이중쌍대: (나의 부족상품 B)*(너의 과잉상품 B)

→ 여기서 나와 너 사이에 A와 B **상품의 교환**이라는 행
위가 발생한다. 이것이 화폐의 발생으로 경제의 개
념이 형성됨

참조) 코로나19로 유흥점의 영업시간을 단축해보아야 뒷
문으로 계속 영업하는 것은 수요(고객)가 있기 때문이
다. 이것은 유흥점을 제재하는 것보다 그곳을 찾는 사
람들(수요)에 대해 아주 강력한 벌금을 부과하는 것이

훨씬 확실한 방법이다.

마약 공급책을 잡는 것보다 마약 중독자를 철저히 중죄로 다스리면 마약 공급업자는 자연히 사라진다. 살인을 지시한 사람과 지시받고 살인한 사람 중에 누가 더 나쁜가? 지시받은 사람(공급)이 거절해도 다른 사람을 시킬 수 있지만 지시한 사람(수요: 필요)을 막으면 살인이 멈춰진다.

2-2-2.시장관성의 법칙: 외부에서 우월한 힘이 작용하지 않는 한 시장은 일정한 단조화 패턴(시장의 관성)을 계속 유지한다.

부칙: 각 시장은 고유의 관성의 크기를 갖는다(마치 각 물질들은 고유의 질량을 갖는 것과 같다).

2-2-3.★시장력($力$)의 법칙: 시장에 우월한 힘(force)이 작용할 경우 시장은 편조화 패턴(<u>흐름의 법칙</u>)이 된다.

*시장력($力$) M

= 변화(수요)에 대한 저항R * 변화 정도(가속도)A

부칙:★마케팅의 법칙)마케팅(marketing)의 제1과제는 자신이 공략하려는 시장에 대한 관성의 크기(변화에 대한 정도)를 파악하는 것이다.

2-2-4.시장의 가격 결정 법칙

*1.단조화 시장에 있어서 상품은 수요에 따라 적정 공급가 설정

*2.편조화 시장: 먼저 형성된 높은 가격이 시장가격 형성(부동산이나 주식이나 신고가의 가격이 추후 시장가격을 형성한다. - 주식에서 저항선이 뚫리면 저항선이 지지선이 된다).

편조화 경우 '극대 우선법칙'에 의해 가격 높은 쪽이 시장 가격을 형성한다. 편조화는 우월한 힘에 의해 움직인다고 했는데 시장의 방향이 경제에서의 우월한 힘에 의한 것이다.

*3.주식거래 특성

주식은 공급가/수요가를 미리 각각 설정(presetting)한다. 횡보가 아닌 상승 또는 하락국면 시(편조화 경우) 능동매매와 수동매매가 존재하며, 가격은 능동매매가 선도한다.

2-2-5.시장경제에서 발생되는 문제점

*1.(수요와 공급의)시간상의 불균형:

시간상의 문제 즉 서로 다른 리드타임(lead time: 거래대금 또는 물건준비기간)으로 인한 불균형

수요란 돈에 의해 좌우되듯이 공급은 실물에 의해 좌우된다. 그런데 돈에 대한 창출은 예를 들어 저금리인 경우 대출 등을 통해 바로 가능하지만 실물에 대한 창출은 일정시간의 지연이 생긴다(농산물은 1년, 건축은 수년 등).

예)금년에 공급부족으로 인해 배추 가격이 이상급등
    되면 농가에서는 다음 해에 이득을 보기 위해 너도
    나도 배추를 심는다. 많은 농민들이 이런 생각을
    가지고 있으므로 정작 내년에는 배추의 공급과잉으
    로 가격이 폭락하게 된다.

예)주택 특히 아파트의 경우 금리 인하로 수요는 즉시
    발생되나 공급인 주택 건설은 몇 년이 걸리므로 수
    급 불균형에 의한 가격 이상이 발생된다.

*2.(수요와 공급의)수량의 문제로 인한 불균형

 -.공장: 수요 증가로 공급(시설)을 확장한 후 수요가
    줄 경우, 잉여시설과 인력 발생(비정규직 문제)

    사실 이 문제가 가장 해결하기 어려운 문제이다. 수
    요가 급증할 때 공장을 확장하다가 수요가 줄게 되
    면 확장된 장비 및 여유 인력 처리가 난감하다. 그
    래서 국가적 차원의 완충장치가 필요하다.

    예)코로나19의 팬데믹 문제로 마스크 사용이 급증하
        였다. 그런데 여러 경제 사정상 마스크 벗는 것
        을 허용하게 되면 그동안 확장한 설비와 인력에
        대한 대책이 문제로 대두될 수 있다.

 -.주택: 공급부족으로 정책 등에 의해 건설 증가 시
    수 년 뒤 공급 증가로 미분양 발생

*3.국소적(局所的)불균형: 고교학군제로 강남 등으로의

국소적 불균형 초래하여 이상 급등

이것이 도화선이 되어 전체적 집값 상승

- **추첨제**로 변경 요(要)

2-2-6.시장의 철칙(鐵則 iron rule): 시장에 맞서지 마라. 편조화 시장은 우월한 힘을 가지고 있다.

예)1.주식이 급등 또는 급락하는 것은 이유를 모를 때가 많다. 이에 맞서다가는 큰 낭패를 본다.

2.한국 부동산이 2007년과 2020년 정부정책이 나올 때마다 급등하는데 이것은 시장에 맞서는 정책을 내놓았기 때문이다.

손익(에너지) 관련 법칙

2-2-7.악재화 선호의 법칙(악재우월의 원리)

*악재화: 손쉽게 이득을 취할 수 있는 비정상적 경제행위의 대상이 되는 재화

예)금융위기로 이를 극복하기 위해 생산 및 소비의 활성화가 목적인 금리인하를 하는 경우 의외로 풀린 자금은 소비 진작이 아닌 손쉽게 돈을 벌 수 있는 부동산으로 흘러들어간다.

금리 인하 시 문제점

*악재화 쪽으로 돈이 흘러감(부동산과 주식)

*잘나가는 대기업은 저금리의 이점으로 그들만의 잔치를 한다. 자체 상여금이나 자동화에 투자한다.

*자동화/기계화의 미래산업이 기술은 발전하되 점점 더 고용 축소를 유발하여 선순환이 깨진다.

대책) 돈을 풀 때(금리 인하의 경우) 가장 중요한 것이 **돈이 악재화로 흘러들어가게 하지 않는 것**이고 이를 위해 <u>적극적인 정부의 관리 개입</u>이 필요하다.

2-2-8.경제정책

1. 기본 rule: 기호재는 시장 자유경쟁에 따른 상품 가격 변동에 의한 매매, 필수재는 상품이 아닌 국가 관리의 가격조정(예: 공급부족 시 정부 비축량을 통한 시장 방출로 가격 변동 최소화) 필요

2. ★재화= 자유재+ 경제재(필수재+ 기호재)

*★필수재: 전기/가스/물, 서민주택($110m^2$ 이하), 기본의류, 기본식단재료, 기본의료보험, 노년직장

*★기호재: 명품, 외식, 중대형주택(아파트 경우 $110m^2$ 초과), 개별의료보험 등

3. 방법

*★**기호재**는 **자본주의(자유경쟁)** 시장체제를 적용

*★**필수재**는 **완충(Buffer)장치 이용 국가차원 관리**

-주택 관리

1. 필수재: 1세대1주택만 허용

2. 주택공급 시 필수재는 75% 공급, 기호재는 필히 전체 공급수의 25% 이하로 공급 수량 제한

-완충장치: 필수재의 경우는 시장형성을 하지 말아야
    한다(특히 주택의 경우).

1.필수품 정부보유로 가격 급등 시 방출

2.필수재의 1세대1주택 대출/세금 등 최대 편의 제공

★필수재 주택인 경우 양도소득세 면제(어차피 이사
    가면 비슷한 지역인 경우 동일 가격 수준의 집을
    다시 구입해야 하기 때문)

중요)★주택이 필수재인 경우 상품으로 보면 안 된
    다. 이들 매매는 철저히 국가에서 방지하여야 한
    다. 따라서 저금리를 이용해 갭투자나 임대사업
    등에 대해서는 기호재에만 적용한다.

전월세는 매년 초에 그 해 전월세 가격 제한선
    을 해당지역의 전년도 하반기 평균 매매가의 (대
    략 가정치)55%로 책정한다.

3.정부차원의 완충기업 설립으로 노년층 일자리를 창
    출하여 노년에도 일에 대한 귀중함을 인식시킨다.

2-2-9.경제대공황의 발생 2요인

1.요건: 타인자본(빚-버블)이 한계치 초과(폭탄의 장약)

자본시장이 확대되고 금융업의 발달로 실물경제와 더불
    어 신용경제의 증가로 인한 한계치 발생

2.Trigger: 빈부의 큰 괴리로 수요의 급격한 감소(뇌관)

시장의 발달로 빈부의 괴리가 발생하는데 그 괴리만큼
    의 소비 수요가 따라주지 못함. 즉 2배의 수입인 사람

이 한계효용의 법칙에 의해 2배의 소비가 이루어지지 않는다.

3.도미노 발생: 한 개의 회사가 도산 시 연속적으로 다른 회사들이 도산될 수 있게 경제 단체들이 서로 연계(연결)되는 정도가 가까운 경우(애버런치효과)

3. ★**법**에 관하여

2-3-0.법의 제1덕목: 시행하여 재발이 되지 않게 하는 것

    -에너지 소비 극소의 원리: 저지른 범죄로 인해 얻어지는 총수입(이득)과 법에 의해 반환되는 총지출의 차가 크다면(불법에 의한 이득이 크다면) 그 범죄는 항상 재발할 수 있다.

    -**범죄 인플레**: 경제에서 **금전의 가치가 떨어지면** 물가에 대한 인플레 현상이 발생된다(물건 값이 올라간다). 법에 있어서도 마찬가지로 **법의 가치가 떨어지면 범죄 인플레** 현상(범죄에 대한 죄의식 약화로 점점 더 큰 범죄를 저질러도 죄의식을 못 느끼는 현상)이 발생된다.

2-3-1.법이란 누가 보아도 이해되는 상식적인 것이어야 한다.

    예)세종대왕께서 한글을 창제하신 가장 큰 목적은 나라에서 법령을 제정 반포하여도 글(한자)을 모르는 백성들이 법령 내용을 몰라 위법행위를 하는 것을 보시고 쉬운 한글을 창제하게 된 것이다.

2-3-2.법은 포괄적이어야 한다.

    (빠져나가는 구멍을 만들면 안 된다).

법은 2가지 형태 즉 positive 규범과 negative 규범이 있다. positive규범이란 어떤 허가의 규범을 정해 놓으면 그 외의 모든 것은 하지 말라는 것이고 negative규범은 하지 말라는 규범을 정해 놓으면 그 외의 것은 하

여도 된다는 것이다.

예)어떤 사냥개가 입마개를 하지 않아 사람을 물었다고
한다. 그런데 규정상 이 사냥개는 입마개를 해야 하
는 견종에 속하지 않기 때문에 견주가 무죄라는 것
이다(negative규범: 입마개 미착용 금지 견종을 정
하고 나머지는 입마개 미착용 허용). 이것은 법이
잘못된 것이다.

즉 개의 경우 대체적으로 위험소지가 있기 때문에
안전한 즉 순한 견종을 지정해 입마개를 하지 않아
도 좋다(미착용 허가)고 규정하고 그 외의 견종은
전부 입마개를 해야 한다(미착용 금지)는 규정이 올
바른 것이다. 그러면 사냥개가 입마개를 하지 않아
사람을 무는 경우는 발생하지 않을 것이다.

4. 신체

2-4-0.신체의 기본원리: 효율적 운용

1.에너지 보존의 원리(총량의 법칙): 섭취한 에너지(음식물 공기 등)와 사용한 에너지의 총합은 같다.

-.음식 등을 섭취 시 최대한 효율적으로 섭취한다.

예)인간이 튀김류 같은 기름진 음식을 좋아하는 이유는 지방은 탄수화물이나 단백질에 비해 높은 에너지를 내기 때문이다.

-.에너지 사용의 경우 가능하면 외부 도움을 받아 신체 에너지 소모를 절약한다.

예)병이 생기면 실내 온도를 따듯하게 하거나 에너지 소모가 적은 유동식(죽 등)을 섭취한다.

2.★이원적 대응 체계

-.신체 방어 메커니즘

신체가 신속을 요할 시 쌓기(pile)의 방식에 따라 5분대기조 같은 기동대를 설치한다(과립구). 반면에 신중을 기하는 경우에는 분류(filing)의 방식에 따라 대응 전력(림프구)을 만들고 효율적 대응을 선택해 반응한다(시간적 지연).

참조)부교감체질 경우 정규군 전투(특공대가 아닌)이므로 변이가 많은 질병의 경우(감기, 코로나 19 등) 수많은 변이에 대응해 항체를 체내에 만드는 것은 비효율적이라 항체는 일정기간만 유지하고 그 후 병원균 침투 시 T세포에서 훈련시켜 면역체계를 가동한다. 그래서 대응이 늦지만 효율적이 된다(감기는 약 먹으면 7일 안 먹으면 1주일 후에 낫는다). 그래서 코로나19같은 경우 백신 맞은 후 기간 경과 후 항체 소멸됐다고 계속 맞는 것은 재검할 필요가 있다. 문제는 T세포에서 훈련체계가 되어 있는가 하는 것이다.

-.인간 뇌의 작동

인간의 뇌의 기억장치에는 주기억장치(filing 분류)와 캐시메모리(pile 쌓기)가 있어 캐시메모리가 발달한 사람은 즉각적 대응이 빠르고 반면에 주기억장치가 발달한 사람은 학습과 기타 대응이 느리나 완전 파악 후에는 대응력이 완벽하다.

-.신체 근육에 있어서도 두 가지가 있다.

순발력(pile)과 지구력(filing)으로 나눌 수 있다. 각각 발달된 정도에 따라 단거리 달리기 또는 장거리 마라톤에 적합하게 된다.

여담) 필자는 전형적인 파일링(filing)타입이다. 그래서 공부하거나 무언가를 익힐 경우 처음에는 매우 따라가는 것이 더디다. 그런데 어느 정도 교육을 받고 머릿속에 지식들이 화일링(filing)되면 즉 전체적으로 이해가 되면 그 이후에는 숙달

속도가 매우 빠르다.

3. 건강한 신체란?

신체란 무조건 유익한 균이 신체에 많으면 좋은 것이 아니다. 모든 것이 적정량(量)이 있어야 한다. 즉 유익한 균과 유해(?)한 균이 서로 균형을 이루어야 한다.

피부 또는 위장 점막의 경우 유익균과 유해균이 균형(balance)을 이룰 경우 건강한 상태라고 한다. 한의학에서는 이것을 음양화평지인(陰陽和平之人)이라고 한다.

예) 따라서 손이나 피부를 자주 비누로 씻으면 유해균뿐만 아니라 유익균도 소멸된다. 그래서 적정량이 중요하다.

4. 신체는 길들이기 나름이다.

신체는 뇌라는 중앙처리장치에 의해 전체가 관리된다. 그러나 모든 것을 관리할 수는 없기 때문에 각각에 자체 대응기전이 있다. 이것들은 신체가 반복해서 행하는 습관에 조정되어 있다. 즉 각각의 반응에는 고유한 반응 역치가 존재하여 이 역치를 신호로 반응의 유무가 결정된다.

따라서 자신에게 적합한 건강을 유지할 수 있는 반응역치를 길들이는 것이 중요하다.

예)변비가 있는 사람이 대변의 경우 변의(便意)가 있어도 참는 경우가 반복되면 역치 값이 변해 더욱더 변비가 심화된다.

변비)대변의 진행은 진행방향 힘에 비례하고 저항성에 반비례한다.

-힘(압력) 키움: 식사량을 많게, 복부근력 키움

-저항 작게: 물을 자주 먹음, 배변주기 짧게

*tip)양변기에 앉아 발을 앞으로 쭉 뻗고 상체가 무릎에 닿을 정도로 숙이면 배압이 증가하여 배변이 용이하다.

2-4-1.병(病)과 신체 방어: 전쟁과의 비유

평소에 신체는 병원균과 방어력의 균형상태이다. 이 두 가지는 마치 전쟁 상황과 비슷하다.

피부는 우군의 성곽과 같은 것이다. 병원균은 공성전을 펼치는 적군과 같다. 자신의 면역력과 상대 병균의 공격력 중에서 자신의 면역력이 약화되면 급히 지원군(약 藥)을 불러야 한다. 그런데 너무 지원군에게 의존하면 자체 방어력이 약해지고 또한 지원군의 특성을 적군(병원균)이 파악하면 역시 전쟁에 불리하게 된다.

자체 방위군은 긴급 대응조(과립구)와 정규군(림프구)이 있고 이에 따라 체질이 나뉜다.

2-4-2. ★신체 기본 감각 기능의 특징

1.눈: 눈의 작동원리는 렌즈 구실을 하는 수정체를 주위 근육이 잡아당기거나 풀어주어 볼록한 정도를 조절 하여 근거리와 먼거리를 볼 수 있다. 따라서 눈은 눈 주변 근육의 피로를 풀어주는 것이 중요하다.

책을 너무 가깝게 보면 눈의 근육이 수정체의 볼록한 정도에서 계속 경직되어 결국 근시가 된다.

눈은 근육과 가장 관련이 있어 근육과 관련된 장기인 간(글리코겐 저장)과 상관관계가 있다.

-1.가끔 먼거리를 바라본다.

-2.눈 주변의 근육을 마사지해 준다.

-3.뜨거운 수건이나 손바닥을 비벼 눈 전체에 갖다 대 온열찜질을 한다. 피로 누적으로 눈이 순간적으로 열을 수반할 시는 냉찜질한다.

-4.눈동자를 좌우상하로 바라보면서 움직여 눈의 근육을 수축이완을 통한 운동을 한다.

*1차 방어력: 눈썹, 눈물

2.코: 코는 습(濕)한 것을 좋아한다. 코는 폐로 공기가 들어가는 직접적인 통로이다. 그런데 폐는 습한 것을 좋아하므로 코도 습한 상태의 유지가 중요하다. 가끔 뜨거운 수건으로 코 부위를 덮어주어 습기를 유지한다.

-2.건조할 때 마스크를 쓴다. 코는 폐와 직통으로 연결되는 기관이어서 병원균에 취약하다(피부 같은 1차 방어체가 없다). 마스크는 외부에 대한 피부와 같은 방어체 역할뿐만 아니라 습도 조절에 매우 유익하다.

 *1차 방어력: 코털, 콧물, 점막

3.귀: 귀는 건조한 것을 좋아한다. 그래서 귀에 물이 들어가면 가능한 빨리 제거한다.

4.치아: 입의 건강은 치아건강과 직결된다. 건강한 치아는 5복(五福) 중의 하나라 할 정도로 중요하다.

 치아는 자신의 것을 최대한 유지하는 것이 중요하다. 그래서 치아는 흔들리는 것이 가장 안 좋은 경우이다. 충치가 생기면 치료와 덮어씌움(crown)을 통해 해결할 수 있으나 흔들리면 어쩔 수 없이 뽑게 된다. 잇몸관리는 치아가 흔들리는 것을 최대한 방지한다(나무뿌리에 덮은 흙이 나무를 보호하듯).

 부실한 잇몸관리의 대표적인 것이 잇몸퇴축으로 잇몸퇴축은 딱딱한 것을 씹을 때 조각들이 잇몸을 찌르면서 밀어내고 또 조각들이 그들 사이에 끼여 잇몸과 치아의 결합력을 약화시킨다. 이것이 반복될 때 치명적이 된다.

 -1.가능하면 딱딱하거나 질긴 것은 먹는 것을 자

제한다.

　-2.칫솔질은 수직 칫솔질로 최대한 이 사이에 낀 찌꺼기를 제거한 후 수평 칫솔질로 보충한다.

　-3.소화기관(입, 소장, 대장)은 전부 단백질인 근육으로 구성되어 있다. 단백질은 열에 취약하다. 그러니 뜨거운 음식은 가능한 조금 식혀서 먹는다.

　-4.호흡할 때 구강호흡을 하지 않고 코로 호흡한다(비강호흡).

　*1차 방어력: 침, 재채기

5.피부: 피부는 혈관에 대한 최종 방어책(성벽)이다. 피부가 다치면 피부 표면에 있는 유해균과 유익균의 균형이 깨지며 유해균의 신체침투가 발생된다.

　-1.피부에 상처가 생기면 흐르는 물로 씻는다.

　-2.피부에 상응하는 것 즉 일회용 밴드를 꼭 붙인다. 가벼운 상처라고 이를 무시하면 그리고 반복되면 침투된 병원균에 의해 신체 방어력의 약화를 초래한다.

　*1차 방어력: 털, 땀

　추가)피부의 저온동상: 동상총량= 단위세기*시간

　　약간 추운 곳에서도 장시간 있으면 총량크기가 동상유발에 다다라 동상 걸림(저온화상도

마찬가지). 온도는 에너지 단위로 총량법칙

2-4-3.★신체 각 장기의 특징

1. 소화기관: 소화기관은 입의 치아를 제외하고는 배설까지의 통로가 단백질(살)로 이루어졌다. 그런데 단백질은 열과 딱딱한 물질에 약하다. 그래서 너무 뜨거운 것 또는 딱딱한 것을 삼가야 한다.

인간이 섭취한 음식물은 그대로 즉 탄소화물/단백질/지방 형태로 체내 흡수되는 것이 아니라 분해되어(아미노산/당류/지방산과 글리세린) 흡수된다. 이것을 소화(消化)한다고 한다. 소화기관은 입에서 하는 기계적 분해와 장에서 하는 화학적 분해가 있다. 입에서 기계적 분해(잘게 쪼개기)를 잘해 주어야 여러 소화 장기(특히 췌장)의 부담이 적어진다.

   -1. 뜨거운 또는 딱딱한 것을 가능한 삼간다.

   -2. 입안에서 음식물을 최대한 많이 오래 씹는다.

2. 심장: 심장은 인간에게 제일 중요한 장기이며 평생 일을 한다. 그래서 가능한 부담을 줄이고 건강상태를 유지한다. 특히 다리 근육은 밑으로 내려간 피를 심장으로 되돌리는 데 중요한 역할을 하므로 다리 건강이 매우 중요하다.

심장은 모든 신체장기 중에 가장 중요하며 이것은 태어날 때부터 일정 총량의 크기가 각자 다르게 정해져 있다. 운동을 통해 약간 변화가 되지만 이 총량이 다 소진되면 심장의 수명도 끝나게 된다.

심장 총량(총량의 법칙)= 펌프강도* 펌프빈도

1. 운동을 적당히 하면 심장 강도가 커진다.
2. 운동을 심하게 하면 박동수가 빨라져 즉 빈도가 높아져 심장에 악영향을 준다.
3. 다리 근육이 약하면 피를 다리에서 심장으로 끌어올리기 위해 펌프강도를 크게 해야 하므로 심장에 악영향을 준다.

따라서

-1. 가벼운 산책을 통해 심장의 건강을 유지한다.
-2. 다리 근육을 키워 피가 심장으로 되돌아가는 것을 돕는다.

여담) 사람에게 있어서 피가 흐르는 혈관 중에 모세혈관은 매우 중요한 역할을 한다. 신체에서의 모세혈관의 수는 매우 많으며(수십억 개?) 그 기능은 마치 고속도로의 회차로(回車路) 같은 역할을 한다. 그래서 신체 일부가 절단되어도 피는 모세혈관을 통해 심장으로 되돌아가므로 상처부위가 지혈만 되면 신체는 정상적으로 작동된다. 독사에 물려도 윗부분을 줄로 동여매면 독이 심장 쪽으로

가는 것을 어느 정도 방지한다. 한의학에서 말하는 혈도(穴道)가 모세혈관과 같은 개념 이다. 모세혈관의 신축성이 좋아야 혈액의 흐름성(회귀력)이 좋아져 건강에 중요한 요소가 된다.

3.폐: 폐는 호흡에 관여하는 자신의 근육이 없고 횡격막과 주변 호흡근의 상하 운동에 의해 호흡이 이루어진다. 그래서 폐활량을 늘이려면 횡격막 운동이 큰 복식호흡을 많이 해야 한다.

   -1.복식호흡을 통해 폐의 흡입용적을 극대화한다.

   -2.구강호흡은 절대 금물. 코로 호흡을 하여야 비강 속의 여러 방어체가 나쁜 물질을 걸러낸다.

4.간: 간은 소화기관에서 소화된 영양분에 대하여 제일 먼저 거치는 장기이므로 가장 중요한 기능인 유해물질 해독을 담당한다. 그러므로 가능한 독소 있는 음식물을 먹지 않아야 간의 부담이 덜어진다.

여담)물은 차가우면서 아래로 내려가는 성질이 있고 불은 뜨거우며 위로 올라가는 성질이 있다. 사람이 물을 먹으면 소화기관을 통해 아래로 내려간다. 그래서 하복부는 차가울 수밖에 없다. 반면에 뇌는 사람이 가장 에너지를 많이 소모하는 곳이고 또 뜨거운 열은 위로 올라가기 때문에 사람의 머리는 뜨

거울 수밖에 없다. 그래서 건강수칙 중의 하나가 두냉족열(頭冷足熱) 즉 상층부의 뜨거워진 머리는 차갑게 하고 하복부의 차가운 다리는 뜨겁게 하는 것이다.

중국 무협에 나오는 주화입마(走火入魔)는 뜨거운 머리가 더욱 뜨거워지고 차가운 다리가 더욱 차가워져 신체의 부조화로 위험한 상태에 이르는 것을 말한다. 그래서 호흡법의 하나인 복식호흡의 대순환 호흡은 이러한 불균형의 온도차를 되돌려주는 호흡법인 것이다.

2-4-4. 발병(發病)시 대책

1. 이원적 대책: 사람에게 병이 발생하면 그냥 병원에 가는 것이 가장 무난한 방법이다. 그러나 이것은 마치 적군이 쳐들어오면 대응해 싸우려는 생각은 없고 지원군만 기다리는 것과 같다. 그래서 자신의 면역력으로 무찌르는 자세를 길러야 한다.

2. 발병 시 1차적 대처

-1. 몸을 따뜻하게 한다(면역력 증가).

-2. 음식은 유동식(죽)을 섭취한다(소화시키는 것이 많은 에너지를 소모한다. 그래서 가능한 에너지를 병균과의 싸움에 할당하고 소화는 최대한 부담이 적은 것으로 한다).

-3.고열량의 소화 용이한 것(예: 초콜릿) 섭취(에너
   지 증가로 순간적 면역력 증진)

3.사람의 신체는 대치의 원리에 따라 음과 양이 적절히
  균형을 이루는 상태가 건강한 신체인 것이다. 이것
  을 음양화평지인(陰陽和平之人)이라고 하는데 병이
  란 이런 균형이 깨어진 즉 편조화가 발생되는 것을
  말한다. 이를 해결하는 방법은 실사허보(實瀉虛補)
  즉 넘치면 덜어내고 부족하면 채우는 방법이다.

-.위장에 열이 많으면 대체로 차가운 성질의 음식을
  섭취한다.

-.위장이 습하면 습기를 제거하는 식재료 즉 밀가
  루, 귀리 등을 섭취한다.

-.간은 발산의 장기인데 발산의 힘이 약해 해독기능
  이 원활하지 못하면(피로를 잘 느낌) 발산의 식재
  료 즉 칡, 민들레 등을 섭취한다.

후기(後記)

버리자.

모두 버리자.

가진 것을 모두 버리자.

이 빈자리에 정말 들어올 것만 들여보내자.

과연 무엇을 들여보낼 것인가?

세상엔 공짜가 없다.

미리 주면 더 큰 것이 돌아온다.

부지런함이 모든 것의 시작이다.

평등행위에 대한 이자는 복리로 늘어난다.

일체의 식(識)을 방편으로 봐야지

분별로 보면 상(相)에 빠진다.

서두르지 말고

억지로 하려고도 말며

또한 이것저것 따지지도 말고

다만 조용히 먼저 베풀고 양보하면

자연이 알아서 평등하게 되는 법이다.

(默默先施 自然平等)

　　일류대학에 입학한 친구들을 보면 물론 중고등학교 때부터 선두그룹을 유지하며 꾸준히 공부한 친구가 있는 반면에 고등학교 2학년 때까지 별 두각을 나타내지 못하다가 갑자기 정신 차려 열심히 공부하는데 보통 책상에 앉아 서너 시간 이상을 움직이지도 않고 공부한 친구도 있었다. 즉 참을성과 집중력이 대단한 것이다. 공부를 못하는 친구의 특성을 보면 대체적으로 '구실'이 많다. 공부 조금 하다가 화장실 가고, 또 조금 하다가 물 마시러 가고…… 이런 친구들은 머리에 잡생각이 많은 것이다.

　　흔히 말하는 '엉덩이가 무거운' 친구는 정신일도(精神一到)하는 능력이 뛰어난 것이다. 즉 암묵지의 능력이 뛰어나 뇌의 일부분만 활성화시켜 집중도를 높이는 능력이다. 사회에서 흔히 말하는 율사(律士) 출신들이 이런 능력을 가진 사람이 많다. 이런 친구들이 사회에서 성공을 하는 경우가 많다.

　　이들은 암기력이 뛰어나 시험이라는 체제가 있는 현 사회에서는 남에게 자신의 지식을 잘 나타낼 수 있고 따라서 높은 지위에 오르기도 쉽다. 그러나 도덕적 자질과는 별 상관이 없어 문제가 발생될 소지도 높다.

　　반면에 집중력은 없지만 관심과 호기심이 많은 친구들도 있다. 보통 흔히 그냥 지나치는 사물이나 문장에 대해서도 이리저리 궁리하고 따지고 연상시키는 사람들이다. 머리의 기능은 단순해서 이런 친구들은 집중력이 없다. 대신 의외의 독창성을 발휘하기도 한다. 이들은 학교성적이 좋지 않고 그래서 사회적으로 별로 성공할 확률이 적다. 에디슨 같은 과학자가 이런 타입이다.

어떤 타입이 인생에서 중요한가? 독창성도 좋지만 결국은 한 곳에 몰두할 수 있는 능력 역시 중요하다.

책을 볼 때는 책만 보고 식사를 할 때는 식사만 하는 사람이 뛰어난 사람이라 한다(엉덩이가 무거운 사람). 명시지보다 암묵지에 의한 행동이 더 중요하다는 것이다.

인도 힌두경전 바가바드기타나 중국 법가의 순자나 한비자가 역설한 '법대로'라 하는 것도 이런 의미가 된다. 무언가를 할 때는 그것만 집중하고 그것에 의해서만 ('법대로'에 따르면 '예외를 두지 말고') 행해야지 분별과 분심(分心)이 발생되면 안 된다는 것이다. 그래서 인생에서 성공하려면 일단 정신일도의 인내심을 키워야 하는 것이다. 즉 잡생각을 없애야 한다.

술은
좋은 술이냐 아니냐가
중요한 것이 아니고
어떤 사람과 같이
먹을 수 있느냐가 중요하다.

차는
그 향기가 좋으냐 아니냐가
중요한 것이 아니고
어느 풍경에서
마시느냐가 중요하다.

배우자는
예쁘거나 멋있는 것이
중요한 게 아니고
어느 취미를 가지고 평생을 서로
즐길 수 있는가가 중요하다,